铸梦

陈景润

追忆舅舅

宋 力◎著

厦门大学出版社
XIAMEN UNIVERSITY PRESS

国家一级出版社
全国百佳图书出版单位

01. 1991年夏天，作者一家（后为作者，右为作者的爱人沈秀红，前为作者的女儿宋凌）与陈景润及其夫人由昆合影；

02. 1975年10月，作者与母亲在钢铁学院留影；

03. 作者的父亲宋锦祥（左）、母亲陈瑞珍（右）在医院看望陈景润；

04. 作者的父亲（左一）、母亲（左二）与陈景润及其夫人由昆（右二）在医院的合影；

05. 1982年厦大校庆期间，作者的母亲陈瑞珍（中）、二姨陈景星（左一）、大弟宋杰（右一）、二弟宋成与陈景润在厦大合影；

06. 由昆与作者的母亲（中）、小姨陈景馨在福州外国语学校陈景润铜像前合影；

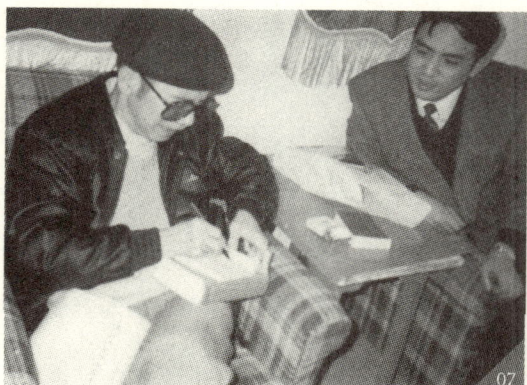

07. 陈景润委托作者转达自己的亲笔题字;

08. 1975年10月,作者(左)与母亲陈瑞珍(中)探望陈景润时在中关村数学所林荫道上合影;

09. 陈景润与作者女儿宋凌合影;

10. 作者的母亲(左一)、二姨陈景星(左二)探望在福州治病的陈景润;

11. 陈景润骨灰安放前,陈景润家人与亲属在北京八宝山革命公墓骨灰堂前留影;

12. 在陈景润的艺术墓碑前,作者的母亲携子女追悼陈景润敬献的花圈。

序一

行走在彩云间

潘心城

　　陈景润，这个响亮的名字，从上个世纪70年代开始就在中国大地上流传，家喻户晓，人人皆知。

　　1977年元旦刚过，距离党中央粉碎"四人帮"仅三个多月，著名作家徐迟发表在《人民文学》的报告文学《哥德巴赫猜想》，使默默耕耘于数学王国之中的陈景润，闪烁出耀眼的光彩，震撼着人民的心弦。那时正是十年内乱刚刚结束，知识分子被扣上的"臭老九"帽子刚刚摘下，也正是精神文化家园刚刚复苏更生的时刻，《哥德巴赫猜想》的问世，犹如一杆风向标，预示着科学的春天即将来临。每当想起那段刻骨铭心的岁月，我心中总是不由地升腾起对陈景润学长——科学巨匠由衷的敬佩与仰慕。

　　前些日子，一本由宋力先生撰写的《铸梦——追忆舅舅陈景润》文稿，使我们再次走近了陈景润学长。这部浸染着血脉亲情的书稿，在其外甥宋力的亲历、亲见、亲闻中徐徐展开，把一个有血有肉、活灵活现、生命不息、奋斗不止的陈景润，展现在读者眼前。全书观察入微，叙述流畅，笔触细腻，感人至深，既唤醒了我们对于景润学长人品性情的清晰记忆，又为我们在科学技术日新月异的今天，全面深入地了解陈景润，开启了一扇新的窗口。

　　励志是成功的阶梯。在陈景润眼里，生命的全部意义等同于数学研究。在那科学研究被窒息的年代，他的思维定势和价值追求与整个社会思潮产生了逆向背离，面对流言和挫折，他毫不动摇。他把孱弱的身子锁定在6平方米的"生命容器"内，辛勤耕耘着这片自由的乐土，纵横行走在彩云间，坚持不懈地推算着"哥德巴赫猜想"，拼着性命去摘取数学皇冠上的明珠。即使在重病缠身、入院治疗的岁月里，他依然初衷不改，心系梦寐以求的目标

$$P_x(1,2) \geq \frac{0.67xC_x}{(\log x)^2}$$

和祖国的荣誉，作最后的冲刺。他像是一支蜡烛，为数学燃烧不已。天道酬勤，智慧、心血、汗水终于凝成丰硕的成果。

《铸梦——追忆舅舅陈景润》一书，留给了我们太多的感动，也启迪我们深刻地理性思考。陈景润学长之所以能够在逆境中奋斗并取得成功，与他浓烈的爱国情怀是紧密相连的。他虽不善言辞，但思维透彻，行为执着。依靠科技进步推动祖国强大、民族昌盛，既是他的理想信念，也是他的行为实践。爱国、奉献、执着、奋斗——中华民族千百年来的文明传承，在陈景润学长身上得到了十分完美的体现，激励着我们脚踏实地为实现伟大的中国梦而奋斗！

陈景润学长虽然离开我们已有 17 个年头了，但音容宛在，风范永存，永远活在我们心中。他是八闽大地的骄子，是中国人民的儿子，是我国科学界的骄傲，也是中华民族的骄傲！更为吾侪厦大学子树立了楷模。我想，这本书不仅仅是一个外甥对舅舅的怀念，也是催人奋发奔向美好明天的精神财富，所以，这本书的问世应该是可喜可贺的。

是为序。

长乐潘心城谨识于福州

癸巳年立春

潘心城，厦门大学毕业，曾任福建省财政厅厅长、福建省副省长、福建省政协副主席，现任福建诚信促进会会长。

序二

温暖的记忆

由昆

先生离去已有 17 个年头了。至今我仍能清晰地感受到他的体温、他的呼吸、他脉搏微弱的律动,仍能真切地感受到他对数学的痴迷和对家人的挚爱。

光阴荏苒,流逝的是时间,沉淀的是无尽的思念。

今年正值先生诞辰 80 周年。在共和国的历史上,先生曾凭孱弱之躯,在异常艰难的条件下,忍受常人难以想象的病痛的折磨,耗尽毕生心血去追求一个几近不可能的梦想——攻克"哥德巴赫猜想"。他所取得的成就使他成为当时全社会的传奇人物,并因此获得了英雄般的赞誉和荣耀。

今天,当先生的外甥宋力将《铸梦——追忆舅舅陈景润》的书稿放在我的面前时,过往的一切又一一浮现在眼前。往事历历在目,热泪再一次溢出眼眶。17 年了,我曾经无数次在心底默默呼唤着先生的名字,无数次在遗像中读出先生的期冀与不舍,无数次从先生的遗爱中汲取前行的勇气和力量。

先生木讷寡言,正直敦厚,内向沉静,学习和工作之外的乐趣几近于无。先生似乎难以融入现实的世俗生活中,人们也难以进入他的世界。他的内心世界和他的数学王国一样神秘。但他为我打开了紧闭的心门,让我进入了他的世界,让我见识和理解了他坚韧不拔、攻克难关的痴狂和浑然忘我的精神境界,让我感受到他在追求梦想途中艰难跋涉的悲欢苦乐。作为他的伴侣,我是幸运的!

哥德巴赫猜想的最佳结果

$$P_x(1,2) \geq \frac{0.67xC_x}{(\log x)^2}$$

先生并非天才，但他有执着的追求，有坚定的信念，有对数学终生不悔的热爱，有超人的勤奋和一丝不苟的专业态度，有不屈不挠和百折不回的拼搏精神，有终其一生对于梦想的坚守，所以，他在"挑战人类智力极限"过程中所获得的重大突破并不是偶然的。

在《铸梦——追忆舅舅陈景润》一书中，宋力以一个外甥的独特视角，近距离的密切接触，细致入微的观察，细腻传神的描摹刻画，生动地呈现了一个血肉丰满、真实立体、可亲可敬可爱的陈景润。这本书勾起了我生命中许许多多温暖的记忆。

《铸梦——追忆舅舅陈景润》一书的出版，为先生的 80 诞辰献上了一份厚礼。

2013 年 5 月 22 日

由昆，陈景润先生的夫人，原任中国人民解放军北京 309 医院放射科主任、主任医生。

目录

哥德巴赫猜想的最佳结果

$$P_x(1,2) \geq \frac{0.67xC_x}{(\log x)^2}$$

2013 年 1 月 29 日，中共中央总书记习近平带领新一届中央领导集体，参观了中国国家博物馆《复兴之路》展览。

参观过程中，习近平同志在接受记者采访时，诠释了"中国梦"的含义。他说："何谓中国梦？我以为实现中华民族的伟大复兴就是中华民族近代最伟大的中国梦，因为这个梦想，它是凝聚和寄托了几代中国人的这样的一种夙愿，它体现了中华民族和中国人民的整体利益,它是每一个中华儿女的一种共同的期盼。"

习近平同志在诠释"中国梦"的时候,他身后有一张悬挂在墙上的老照片——邓小平在1978年3月召开的全国科学大会上接见与会代表,面带微笑地与陈景润握手。

习近平同志选择在这张老照片面前接受采访,并提出"中国梦"的伟大构想,意味深远。此情此景,昭示了我们党领导全国人民走科教兴国道路的坚定信念,同时也传递出一个清晰的信息:全党全社会应当更加努力地营造尊重知识、尊重人才的良好风气。景润舅舅倘若地下有知,一定会倍感欣慰。

时代需要陈景润,不管是过去,现在,还是将来!

由此,我感受到巨大的鼓舞和鞭策,在强烈的社会责任心驱使下,我握住手中的笔,深情地追忆舅舅陈景润……

远去的胪醑村……

第一辑

艰难的成长

景润舅舅出生的时候体质非常瘦弱，从娘胎出来很久，一直都没有啼哭，如同在娘胎里一动不动。助产婆尝试许多办法，也都没有效果。家人围在一旁非常着急，一直帮助烧水。当年身高还没有椅背高的我的母亲，听不到弟弟的哭声，也急得直掉眼泪。外祖父见婴儿一直没有哭出声，着急地大吼一声。瞬间，奇迹发生了，婴儿小嘴一张哭出声来了……

贫苦人家的瘦弱儿

　　福建自古以来就是一个蛮夷之地，依山临海，峰峦起伏，耕地稀少，民风淳厚。生长在这个贫瘠之地的人们世代相承，从小就有一个根深蒂固的观念："万般皆下品，唯有读书高"。读书，才是唯一的出路。

　　发源于福建、江西，汇流建溪、富屯溪、沙溪三大主要支流的闽江，穿越崇山峻岭宣泄奔腾至福州市南台岛后，分南北两支，至罗星塔复合为一，折向东北流出琅岐岛后注入东海。闽江，滋养了一代又一代的八闽人。

　　福州历史悠久：夏朝属扬州地域，殷商为七闽之地，战国时归属越国，秦朝为闽中郡，汉高祖封闽越王，南朝陈朝年间设闽州。此后的一千多年，福州在大部分时间里都是福建区域的行政和经济文化中心。沧海桑田的变迁，

20 世纪 50 年代的福州解放大桥

左图为庐雷村古民居一角，因福州火车南站建设拆迁，具有700多年历史的庐雷村已变成永久的记忆；右图为陈景润幼年搬到福州后居住的仓山老屋（东尤街一号）

成全了东海之滨的左海邹鲁，造就了一个博六包容的有福之州。在这片福域宝地，走出了一拨又一拨的民族精英、侯官才俊：福州鉴真隐元，民族英雄林则徐，船政之父陈绍宽，爱国侨领黄乃裳，译林鼻祖林纾，西学泰斗严复，世纪老人冰心，文化骄子郑振铎，科学巨匠侯德榜，等等。今天的人们也一定不会忘记，在这群星闪烁之中，还有一位孜孜以求，奋力攀援摘取"哥德巴赫猜想"皇冠明珠的陈景润。

人们总会去怀想天才的童年成长历程。可是我的舅舅陈景润，既没有特别的童年经历，也没有耸人听闻的天才故事。他出生在一个极其普通的家庭，与所有喝闽江水长大的福州人没有任何区别。

闽侯县位于闽江中下游，在福州市西南侧，是靠近省会的一个县，1913年由闽县和侯官县合并而成，地处闽江沿岸的低海拔地区，具有南亚热带气候特征。唐朝韩偓诗道："四序有花长见雨，一冬无雪却闻雷。"1933年5月22日，我的舅舅陈景润就出生在闽侯县庐雷村的一户普通人家里。

我的外祖父叫陈元俊。

外祖父当时是邮局职员，家庭相当贫穷。听外祖父说，景润舅舅出生的时候，家里实在太穷了，连接生的脸盆都没有，只好拿煮饭用的锅子代替脸盆用。

在那艰苦的岁月里，外祖父已经有一对儿女，景润舅舅的出生，让本来就贫困的家庭增加了更加沉重的负担，外祖父真不知是喜还是悲。他对街坊邻居说："嗨！看来只能顺从天意，既然老天爷给我家添丁，只能将他生下来。"

景润舅舅出生的时候体质非常瘦弱，从娘胎出来很久一直都没有啼哭，如同在娘胎里一动不动。助产婆尝试许多办法，也都没有效果。家人围在一旁非常着急，一直帮助烧水。当年身高还没有椅背高的我的母亲，听不到弟弟的哭声，也急得直掉眼泪。

外祖父见婴儿一直没有哭出声，着急地大吼一声。瞬间，奇迹发生了，婴儿小嘴一张哭出声来了。虽然，这哭声不洪亮，但总算证明了降生的婴儿不是哑巴。在这已经极为贫困的家庭，如果有一个残疾的孩子，那可是雪上加霜。见婴儿正常，外祖父开心地笑了，全家人也都转忧为喜。

在那兵荒马乱的年代，景润舅舅出生可谓生不逢时。

他出生那年，外祖父还在闽侯的邮局工作。尽管在外人看来，这是一份不错的差事，可是每月到手的工资三天两头贬值，还要遭受苛捐杂税的搜刮。有时，上午才领的工资到了下午就几乎变成了一卷废纸。

我的外祖母叫潘玉婵，是一个农村妇女，常年的劳作和严重的营养缺乏，使得她根本就没有奶水哺育孩子。从小景润舅舅就靠着米汤喂养，时常家中无米下锅，外祖母只好东一家、西一家地向邻家要一点米汤。看着营养不良、常常因饥饿哭到发不出声音的瘦弱孩子，外祖母总是在一旁悄悄哭泣。景润舅舅天生瘦小，体质不好常常生病。外祖父微薄的收入根本就拿不出多少钱来给他看病，只能听天由命。外祖母实在于心不忍，常向街坊邻里要一些草根充当治病之药。一次，一位远房亲戚回家省亲送给外祖父一些灵芝，他神秘地对外祖父说："这灵芝，中药之上品，具有非常出色的扶正固本、强化免疫力作用，它能够扶持正气，真正做到'祛邪'、'扶正'。你不妨熬点汤水给孩子喝，我想一定会有效果的。"不知是灵芝的功效还是苍天有眼，景润舅舅在几次生命垂危、奄奄一息的时候，又奇迹般地活了过来。

我的母亲是家中长女，外祖母非常疼爱她。外祖母去世后，家中许多事情，外祖父总会与母亲商量。他常常对人说，雅英（母亲的乳名）这孩子性格最像我，

作者的外祖父、陈景润的父亲陈元俊

作者的外祖母、陈景润的母亲潘玉婵（陈景润私人收藏照，照片背后为其纪念母亲逝世的文字。收藏于福州市博物馆）

珍贵的全家福合影（前排从左至右为作者的三舅陈景光，二舅陈景润，大舅陈景桐，大舅妈陈爱华，母亲陈瑞珍，父亲宋锦祥；后排从左至右为作者的三舅妈苍丽钦，二舅妈由昆，二姨丈黄春水，二姨陈景星，小姨陈景馨。）

好强、善良，敢于担当。我懂事后，外祖父时常会给我说起在闽侯的这段历史，提到当年景润舅舅的身体。每当讲起这些苦难的经历，他神色特别凝重。"那时候也真奇怪，你景润舅舅生命力非常顽强，每次都奄奄一息了，却又奇迹般地活过来。嗨！那时候看他病得那个样子，家里穷只能听天由命。可是，过了一些时候，不吃药又好了起来，烧也退了，也不哭了，照样大口大口地喝起米汤了。看来你景润舅舅不仅是数学天才，也是与疾病抗争的天才啊！"

景润舅舅出生的时候境遇非常艰难，从被抱出来很久，却听不到哭声，一切不明。父亲宋锦祥试过各种方法，也都徒劳无获。家人脸上一奇特的表情，身为过江水神菩萨高的母亲不知所措的无奈，一直没有外祖父在陈眼泪。刹那间，幸福发生了，襁褓中心里一哭声出来了……

说罢，外祖父神秘地望着我说："你舅舅当时喝了灵芝熬成的汤水，那灵芝可神了。"也就是从那时起，灵芝草是一种非常神奇的植物，它能治愈万症，灵通神效，在我的脑海中留下深刻的印象。

外祖母先后共生了十二个孩子，其中六个很小就夭折了。应该说，景润舅舅在存活的六个孩子中最坚强、最好学上进。他始终如一地坚持自己的兴趣，坚持一定要上学读书。

那时候，外祖父在闽侯这个小地方算得上是一个知识分子了，虽然他上学的时间不长，但平日里十分喜爱读书，对知识的追求从不间断，他那朗朗上口的英语就是平常自学出来的。一直以来，他教育孩子们：用功读书，将来才能立足于社会；读书不是有钱人家的特权，贫穷人家的孩子省吃俭用也要读书求知。外祖父表里如一、说到做到，虽然家境贫困，还是想方设法将我的大舅景桐、母亲和景润舅舅送到了福州三一小学读书。景润舅舅自小就表现出与众人不同的读书兴趣，只要看到一本好书，就会如饥似渴地读起来，尤其对数学书，表现出惊人的兴趣。读小学一年级的时候，他就把哥哥姐姐的数学课本拿来读，遇到不懂的问题就问哥哥姐姐。对于书中的数学题，他会一股脑儿地进行演算，不仅要找出正确的答案，还要认真地将各种能解答的方法都尝试一遍后才罢休。

作者的外祖父陈元俊及陈景润的部分藏书
（收藏于福州市博物馆）

在上"三一小学"期间，景润舅舅的学习成绩总是排在班级第一名。因为提前学习了哥哥姐姐的课本内容，有时候课堂上老师提出的超纲问题，他也能立刻回答上来了。他的聪明好学、勤奋读书深得各科老师的喜欢。记得小时候，景润舅舅曾对我说："我读小学时候，老师对我说好好读书，长大去参军打日本鬼子。我那时就想长大参军、保家卫国！"在我的印象中，景润舅舅特别喜欢军人，喜欢军装，喜欢草绿色，喜欢唱"我是一个兵……"，每每听到他用那几乎五音不全的音调唱起这支歌时，我就会觉得在我面前的不是那体弱、疾病缠身的舅舅，而是一位戎装在身、刚强健壮的军人。

在外祖父家，老人家总喜欢在晚上睡觉前给我读一点书，讲一些自己编撰的故事，或者念一些我根本就听不懂的之乎者也。母亲常常笑着对外祖父说："这么小的孩子，您就给他念这些书，他怎么会听得懂呢？"外祖父不以为然地揪着下巴的小胡子，摇着头继续念他的之乎者也。渐渐地对这些我也感兴趣，时常缠着老人家给我讲故事，念之乎者也。如今已近花甲之年的我，想起外祖父和景润舅舅这些循循善诱的教诲，心里充满了无限的感激，是他们教育我在生活的起步阶段就要热爱知识，热爱学习。

1944年冬天，日本鬼子第二次攻占了福州。景润舅舅已经11岁，正读小学四年级。那年，外祖父被调到三元县邮政局担任局长。三元县是民国政府在1940年以三元镇为基础，增划毗邻的沙县、明溪、永安县部分地区而成立的，原三元镇便改为三民镇。传说远在唐代当地有一安氏产下三胞胎，长子取名龙元，次子取名狮元，末子取名豹元，三兄弟皆英杰有名于世，故而此地被称为三元。

1956年7月，国务院将三元、明溪两县合并，各取两县原名的首字作为新建县名，即今天的三明市（以下凡涉及三元，皆以三明称）。

在那战火纷飞的年代，外祖父虽说是局长，但微薄的工资难以养家糊口。福州被日本侵略军占领后，留在闽侯老家的一家人无法生活下去，外祖母便带着孩子们前往三明投靠外祖父。途中一路颠簸，外祖母和景润舅舅先后染上了肺结核。

到三明后，景润舅舅病情不减，可是外祖父还是坚持要让子女在住所附

近的三民镇中心小学继续上学。景润舅舅带着肺结核的病痛，艰难地背上书包上学。因肺结核的折磨，景润舅舅经常发着低烧，瘦小的身子乏力，脸蛋泛红。但他没有被病魔击退，仍旧以顽强的毅力，如痴如醉地读书学习、钻研数学。

在三明的四年光景中，景润舅舅刻苦学习，勤奋读书，取得骄人的学习成绩。1983 年初，景润舅舅在《回忆我的中学时代》一文中，谈到在三明读书时的情况，动情地对采访的记者说：

"当年学校设在山上一座破庙里，外面下雨，教室里也跟着漏水。大批爱国人士被捕入狱，集市物价暴涨……"

"1946 年，我在福建省三明县第一中学读初二的考试成绩是：代数 99 分、国文 92 分、英文 89 分、几何 83 分、化学 88 分、历史 83 分、地理 85 分、国画 85 分、音乐 85 分、体育 80 分、劳作 75 分、生理卫生 82 分。"

"成绩是画笔，勾画出了当年生性活泼的我，我能唱能跳，分数最低的是劳作，我的一双小手可不巧啊！"

景润舅舅在那样的学习环境和那样的身体条件下，能有如此成绩，凡是从三明走出来的学生无不以他为骄傲。在三明实验小学（原三民镇中心小学）展览室的墙壁上，至今仍悬挂着景润舅舅的照片，学校以此来勉励历届学生能像他那样勤奋、那样刻苦、那样执着……在三明一中 50 周年校庆的纪念册上，赫然印着他的赠言："祝母校欣欣向荣。"这所学校至今还把曾经培养过景润舅舅这样的学生，作为莫大的荣耀。

景润舅舅对学习的刻苦，对知识的痴迷，得益于外祖父的遗传。外祖父不仅喜欢读书，而且特别喜欢钻研感兴趣的问题。母亲曾经给我说了这么一个故事：景润舅舅与外祖父平常交流不多，但说起话来聊的都是书本上的东西。景润舅舅性格孤僻、坚持己见，一般情况下很难改变自己形成的看法和观点。有时候，外祖父会突然问景润舅舅最近看了哪些书。如果外祖父恰好与他也看同样的书，马上就会提出几个问题让他解答。如果他们的看法和观点不同，常常会为一个问题各执己见、争论不休。每当这个时候，母亲就出面当和事佬。外祖父有个习惯，如果看到有人在读书，他就会走过去自言自

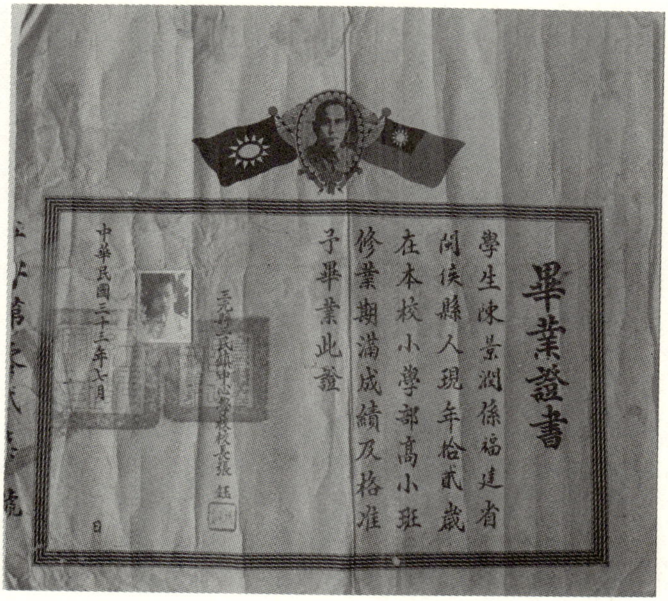

陈景润小学毕业证书（收藏于福州市博物馆）

陈景润初中毕业证书（收藏于福州市博物馆）

景润呱呱坠地的时候体质非常瘦弱，从娘胎出来很久，一直都没有哭声，如何在襁褓里一动不动。母亲着急试计多办法，喂水、身高还没喂着哭声高的母亲……不到哭的哭声，就是往直接哺喂，升锁又足婴儿一直没有哭出声，普急地大喊一声，瞬间，才破天惊儿……

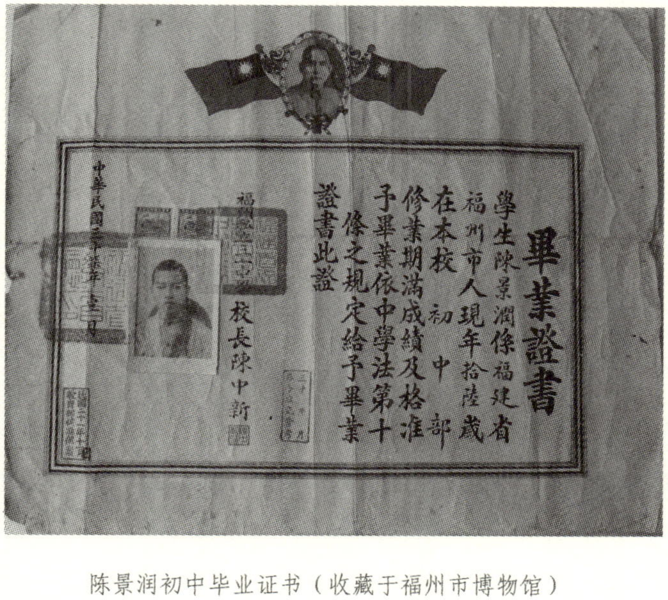

陈景润与时任福建省三明第一中学校长的吴锦裕同志在一起

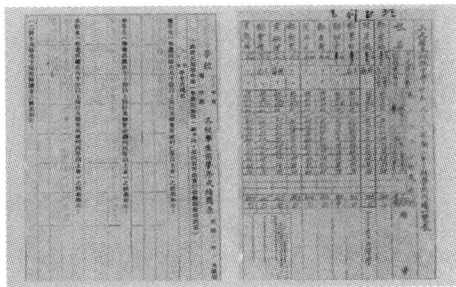

陈景润初二上学期的优等生证明和在三明第一中学的学籍档案

语地喃喃道："嗯，读书好。有读书就好，有读书就好。"说罢，扭头走开，嘴里还反复说着："蛮好，蛮好。"一些人还以为这位老头精神有问题呢，实际上，外祖父是对读书的人爱屋及乌啊！

景润舅舅在八十年代饱受帕金森综合征折磨的时候，对三明仍然非常关心。1984 年《三明报》创办，报社给他写了一封信，介绍三明的变化情况，并随信寄去了《三明报》报社编印的《三明之光（一）》。他看到小时候曾经学习生活过的三明发生了如此巨大的变化，非常高兴，当即在秘书的协助下写了《辅基树础、创立新风》的短诗。1984 年 10 月 16 日，《三明报》刊登了景润舅舅一生中唯一的诗作：

> 三明三明，勤劳人民。从小到大，以至无穷。
> 三明三明，讲究文明。辅基树础，创立新风。
> 三明三明，山清水明。资源丰富，气候宜人。
> 三明三明，前途光明。胸怀四化，叶茂花红。

这首诗不加修饰，质朴无华，字里行间充满了对三明的深情厚爱。1990年我调到福建烟草工作后，一次到北京出差去看望景润舅舅。在聊天中，我说到三明烟叶发展得很好，在全国有一定的知名度。他饶有兴趣地对我说："当年在三明读书时，我就知道烟叶。那一片片的烟叶很大很大，有的比脸盆还要大呢！"一边说，一边用手比划着。有一次出差三明，我专门到景润舅舅和母亲曾经就读过的三明实验小学参观。1992 年 8 月，我到北京看望患病的景润舅舅，那时他因帕金森综合征的折磨，几乎不能说话了。当我告知三明实验小学的现状时，他非常兴奋，频频点头，含糊不清地对我说："谢谢，谢谢！很好，很好！"接着，他示意身边工作人员拿出印着"中国科学院数学研究所公用笺"的纸张，用十分僵硬的手艰难地在纸上书写：

希望三明实验小学小同学们努力学习，天天向上。

陈景润于北京

1992 年 8 月 16 日

而后，他让人拿出自己和邵品琮合著的《哥德巴赫猜想》，在扉页上再次题词："希望三明实验小学小同学们努力学习，天天向上。"写完后示意秘书盖上他的章，让我带给三明实验小学。

景润舅舅对于三明地区深厚感情的事例，可以说上一大摞。究其原因，我想必定是那艰难的岁月留痕，使他终生难忘，必定是在三明期间的教育让景润舅舅更加爱上数学，并且造就了他勇于攻坚克难的决心和勇气！

小学毕业后，景润舅舅升学到三明一中读初中，在这里，他有幸遇到了陆宗授老师。他是启蒙景润舅舅钻研数学、痴迷数学的老师之一。这个时期，景润舅舅并不知道数学到底有多大的用处，更不清楚数学研究将会成为他为之奋斗一生的目标，他仅仅是对数学怀有浓厚的兴趣而已。

景润舅舅对于数学的痴迷，有这么一段小故事：在他上初一的时候，渐渐地对解答数学题着迷。每天晚上，他都要在煤油灯下演算习题。一次，有

福州外国语学校
（原福州三一中学陈景润的母校）

陈景润在林森（现闽侯县）县立初级商业职业学校报名收据

一道数学题将他难住了，花了整整一个晚上的时间，他都没有演算出来。于是他决定去向家住附近的陆宗授老师请教。刚要出门，不小心将睡在一个屋子的景桐大舅舅给吵醒了。

"景润，这么晚了还不睡，还要出门去哪儿？"景桐大舅舅吃惊地问道。

"有一道题我演算了一个晚上，实在算不出来，要去找老师请教一下。"

"老师也该睡了，明天再说吧。"景桐大舅舅打着哈欠。

"不……如果今晚演算不出来，我是不会睡觉的。"景润舅舅怕影响其他人，压低了声音，态度坚定地又说："我今天晚上非要将这道题解决不可。"他自认为轻声的语调，还是将睡在隔壁房间的外祖父吵醒了。外祖父知道景润舅舅的脾气，躺在床上说："让他去吧！不把数学题解答出来，他是不会罢休的。"

第二天，外祖父见到陆宗授老师，连声向他致歉。不料陆老师却高兴地对外祖父说："我就喜欢这样的学生，景润今后一定会有出息的。"陆宗授老师真是慧眼识英才，二十年后，中国果然出了一位勇于攻克数学难题的数学家。可惜陆老师没有等到那一天，倘若他地下有知，一定会为自己学生的巨大成功深感欣慰。

1946年8月，在日本帝国主义正式宣布投降后的第二年夏天，外祖父带着一家人回到闽侯。这时候景润舅舅已经学完了初中二年级的所有课程，本打算转至闽侯县（当时更名为林森县）县立初级商业职业学校（福州九中前身），后转到福州三一中学上初中（三一中学坐落于福州市仓山区公园路39号，前身是爱尔兰都柏林三一学院1907年创办的私立教会学堂，1912年圣马可书院、广学书院、榕南小学三校合并迁入此新址，始称"三一学校"，英语是Trinity College，下属三一汉英书院、三一中学、三一小学。1952年10月由福州市政府接办为一所新型的公立学校，定名为福州第九中学，1993年6月更名为福州外国语学校）。回到闽侯不久，外祖母因严重的肺结核离开了人世，一家七口人的生活重担压在了外祖父一人身上。为了节约开支，应付家庭生活，景桐大舅舅和母亲初中毕业便没有继续上学。景润舅舅初中将要毕业，迫于经济困窘，外祖父计划景润舅舅初中毕业后不再继续上学，让他去学一点手艺，谋求生存。

景润舅舅知道这个消息后，对外祖父说："父亲，你还是让我上学，我今后每天只吃一顿饭就可以了，课余时间我帮家里干活。"说罢，他倔强地望着外祖父，嘴里反复嘟囔着："我要读书，我要读书。"

母亲搂着瘦弱的景润舅舅，流着眼泪对外祖父说："母亲临终前有交代，说要让润弟尽可能地上学读书。母亲是担心润弟体弱多病，承受不了重活啊！他从小不善交际，只有好好读书才是最好的出路。"说着说着，母亲趴在外祖父身上哭泣起来。自从外祖母去世后，外祖父许多事情都是征求母亲的意见。一方面母亲是家中长女，在兄弟姐妹中有威信，另一方面母亲生性好强，有主见。听了母亲的一番话，外祖父无奈地点点头，表示同意。

此后，全家人勒紧裤带，景润舅舅又获得了继续上学的机会。

景润舅舅出生时的时候体质非常瘦弱，从娘胎出来很久一直都没有哭笑，如同在熟睡里一动不动，吓产婆吓诊计多法。也担没有效果。家人围在一旁计算着，一直静静待地看望着，老担没有效果。此意想直接临盆出声，外祖父见婴儿一直没有哭出声，着急地大吼一声，一瞬间，奇迹发生了，婴儿上嘴一张哭出声来……

英华中学的 BOOKER

福州英华中学（今为福建师范大学附属中学）是一所享有盛誉的教会学校，创办于 1881 年，因完备的教学设施，强大的教师阵容，民主求实的良好学风而闻名于世。该校先后培养了大批专家学者和革命志士，至今校友中当选为中国科学院院士的有七人，分别为：侯德榜、沈元、王仁、高由禧、曾融生、陈彪和陈景润。1951 年之后，英华中学与华南女子中学、陶淑女子中学合并成立福建师范大学附属中学。1954 年被列为全省重点中学，校训是"以天下为己任"。

景润舅舅的眼光瞄准了英华中学，虽然有坚实的知识储备，但他也担心是否能够顺利通过各科考试。因为当时英华中学并不是以分数高低招生的。既然是一所教

福州英华中学原貌

陈绍宽（原国民党海军上将部长，1949 年后曾任福建省副省长）与陈绍宽故居

陈景润及其夫人由昆回乡时与众乡亲在陈绍宽故居前留影

会学校，校门自然是对有钱人家的子弟敞开的。

好在外祖父也有一个胪雷老家的阔亲戚——陈绍宽，当时他正在国民政府海军部当部长。1948 年，在外祖父的恳求下，陈绍宽特地写信给福州格致高中校长，介绍景润舅舅去格致高中入学。说来也怪，不知怎么景润舅舅却将这封信交给了英华中学的校长。校长看了信，确认了景润舅舅在初中和小学的表现和学习成绩，便欣然同意让他到英华中学读书。这个故事听起来似乎离奇，或许是景润舅舅和英华中学冥冥之中注定的缘分吧！

在英华中学，学校图书馆成为景润舅舅最常去的地方。图书馆开放时间很短，他只好从图书馆借许多数学书，带到教室里进行演算。他借出的图书

连自己也数不清。至今在学校图书馆还能查出当年借书的凭证。他常常为了一道数学题，紧紧地缠着老师打破沙锅问到底。有不少数学题连老师都觉得难度很大、难于解答。入学不久，这位来自贫困家庭的瘦弱孩子，引起了学校老师的高度关注。

除了对数学的痴迷外，他还因为不修边幅、身材瘦小而被同学们嘲笑、欺负。在这些穿着华丽、趾高气扬的官家子弟和富商少爷同学当中，他似乎显得更加失落无助。所有这些，他从不告诉家人，总是自己默默地承受。原来就胆小怕事的他性格渐渐变得更加内向了。每天除了演算数学课本上一道道数学题外，他几乎不与同学们交流。每逢遇到上体育课，他总是借故回避，把自己关在教室内解答数学题。他将解答数学题，当成了人生的最大乐趣。

在家的时候，景润舅舅也不常参与兄弟姐妹间的嬉戏打闹，独自默默地看书。兄弟姐妹中，他与母亲的感情最深，因为母亲在外祖母去世后，精心照顾弟妹，帮助外祖父料理各项家务。母亲也知道外祖母在世时最心疼景润舅舅的身体，对景润舅舅最放心不下，如何照顾好这个弟弟，成为了她的一桩很大的心事。长姐如母，她像母亲一样地照顾着只知道读书、不懂生活、不善言谈的弟弟。景润舅舅自小就从心底感激自己的大姐，有什么开心的不开心的事情，总会第一个告诉她。

一天，景润舅舅飞奔回家，一进门就找母亲。"姐，你知道吗？我的同学都叫我 BOOKER。你还记得我们初中时候学的 BOOK 是什么意思吗？"

"BOOK？是不是书？"母亲笑着说。

"是啊，那后面加上 -ER 呢？"景润舅舅的嗓门变得更高了。

在厨房正忙着家务的母亲看到景润舅舅难得的高兴样子，打趣地反问道："哦！我不知道啊，有这个词吗？"

"哈哈，姐姐，课本中没有这个词，我们可以创造嘛！你知道吗？同学们都管我叫陈 BOOKER！"看见平时沉默寡言的弟弟兴高采烈、神采奕奕的样子，母亲也笑了起来。景润舅舅搬了张凳子，坐在母亲面前讲今天发生在学校的事情。

"下课后，我在教室里做数学题，班上一位同学走过来问我一道化学题。

我立即给他写了一个公式，并且告诉他在书上的某一页有类似的例题。这位同学半信半疑地打开了课本，果然在我说的那一页找到了公式和例题。看我能一页不差地指出书中的例题，这位同学很不服气了。从书包拿出数学书，并叫来几个同学想考考我。没想到，我一字不漏地背出数学课本中的每一道题。这时围拢过来许多同学，大家异口同声地给我起了一个陈 BOOKER 的外号，这意思就是说我是一个可以当书用的人。"说罢，景润舅舅神气地望着母亲，摇晃着小脑袋。

看着弟弟可爱的样子，母亲由衷地感到高兴。

"好啊！我的润弟已经成为对社会有用的人了，能当做人们的书用了。"母亲高兴地拍着景润舅舅的肩膀说。

"那不行，那不行，还是要多学习，多学习！"景润舅舅涨红着脸腼腆地说。说罢，他又钻进自己的房间开始做作业。

就读于英华中学期间，有许多老师对景润舅舅有过很大的帮助。

利用课堂上短暂的休息时间，给同学们讲有关数学故事的何老师让学生了解到：数学不仅仅只是一些无聊的演算，在历代数学家的研究中，都产生了许许多多的有趣的故事。他说："用比喻的手法来把数学介绍给不理解数学的人，是数学研究者的一大乐趣，娱乐之余还让人了解数学到底是什么，何乐而不为呢？"

陈老师是英华中学最后一位景润舅舅的数学任课教师，在遇到陈老师之前，景润舅舅已经把图书馆里关于数学的一些书都看了。在课堂学习的同时，景润舅舅仍旧保持着在三明一中时养成的学习习惯，经常向陈老师借阅大量的书籍，来满足自己的求知欲。景润舅舅从小对数学非常痴迷，英华中学的图书馆至今仍保留着他在那里念高中时的借书卡，他借阅的甚至包含《微积分学》、《达夫物理学》、《高等代数引论》等数学巨著。对一时弄不懂的题目，他非要查根究底，当天的习题绝不过夜。此时的景润舅舅对于"哥德巴赫猜想"还没有任何概念，而真正让他了解"哥德巴赫猜想"的是沈元。

沈元 1916 年出生于福州，是地地道道的福州人，毕业于英华中学，1936 年考入清华大学。1937 年，抗日战争爆发，沈元跟随清华大学的师生，

沈元

沈元（左二）、陈景润返回母校福建师大附中（原英华中学）参加一百三十周年校庆

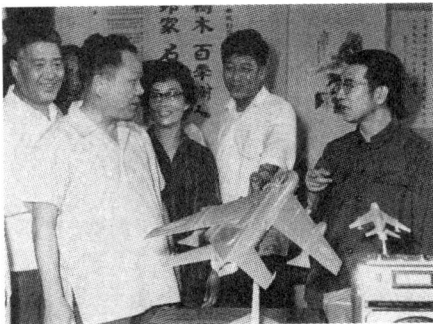

匆促撤退到湖南长沙。而后，辗转到昆明西南联合大学继续学习。几年后，沈元从西南联合大学航空工程系毕业，留校任教。1943 年，沈元获得英国文化委员会提供的奖学金，赴英国伦敦大学帝国理工学院航空系攻读博士学位。1945 年获得哲学博士学位，他的毕业论文获得该学院的高度评价，并被接纳为英国皇家航空学会副高级会员。1946 年夏天，沈元回国在清华大学航空系任职。1952 年，北京航空学院（现为北京航空航天大学）成立，沈元先后被任命为副院长、院长。1983 年后任北京航空学院（现北京航空航天大学）名誉院（校）长。从 1952 年至今，他一直从事航空教育事业和空气动力学研究。

1948 年国共内战，沈元回福州奔丧，因战乱不能赶回北京而被滞留在福州。作为英华中学的老校友，他收到当时英华中学校长的热情邀请，到英华中学教学，机缘巧合地担任了景润舅舅班级的班主任，并负责他们班的数学、英文、政治等课程的教学。也就在这时，景润舅舅第一次接触到了"哥德巴赫猜想"。

可以说，沈元是景润舅舅日后摘取"数学王冠上的明珠"的启蒙老师。

哥德巴赫生于德国格奥尼斯贝尔格（现为加里宁省），他本来是学法学的，由于在访问欧洲各国期间结识了贝努利家族，因此对数学研究产生了浓厚的兴趣。1725 年他到俄国访学，同年被选为彼得堡科学院院士。1725 年至 1764 年期间，哥德巴赫与著名数学家欧拉保持过长期的书信往来，许多数学方面的问题，他们就是通过这些书信进行讨论的。

1742 年哥德巴赫写信给欧拉，提出了一个猜想，这就是著名的"哥德巴赫猜想"。

其实，"哥德巴赫猜想"是一个简单的命题。

大家都知道，在我们小学三年级的时候，我们就学到了数字1、2、3……以至百千万，这些简单的数位叫正整数。在数学中研究数的规律，特别是整数的性质的科学叫数论。除了1以外，有些正整数只能被1和它本身整除，这些数叫"素数"。比如2、3、5、7、11等均为素数。另外的正整数，就是除了1和它本身以外，还能被别的正整数除尽，这种数叫做"复合数"。比如：4、6、8、9、10均为复合数。所以正整数可以分为1、素数和复合数三类。凡能被2整除的正整数叫"偶数"，如2、4、6、8等，其余的1、3、5、7、9……叫奇数。这些看起来似乎十分简单的数字，包含着许多有趣而深邃的学问。

在数论研究中，许多数学家往往会根据一些感性认识，小心提出自己的"猜想"，然后在通过严格的数学推导来论证它。被证明了的猜想，就变成了"定理"，但也有不少猜想被否定了。

哥德巴赫用通俗的语言，将自己的猜想表述为：任何一个大偶数都是两个素数之和，比如，8=3+5，20=3+17。用略为准确的语言讲就是：（1）任何一个大于2的偶数都是两个素数之和（表示为"1+1"）；（2）任何大于5的奇数都是三个素数之和。

欧拉表示"哥德巴赫猜想"是对的，但他无法加以证明。容易证明（2）是（1）的推论，所以（1）从理论上说是基本合理的。在此之后，也有许多数学家对一个又一个的偶数进行了演算，一直演算到了3亿，但还是没有找到这个猜想是错误的论证。但如何证明这个猜想是正确的呢？这就更困难了。

1900年，德国数学家希尔伯特在国际数学会的演说中，把"哥德巴赫猜想"看成是以往遗留的最重要的问题之一，并介绍给20世纪的数学家来解决，这就是希尔伯特第八问题的一部分。1912年德国数学家朗道在国际数学会议的演说中说：要证明"哥德巴赫猜想"，我认为是现代数学家力不能及的。1921年英国数学家哈代在哥本哈根宣布，哥德巴赫猜想（1+1）的困难程度是可以和任何没有解决的数学问题相比的。

第一个在"哥德巴赫猜想"方面做出成就的是什尼列耳曼，他指出任何

哥德巴赫　　　　　　　　　欧拉

在这封著名的书信中，哥德巴赫向欧拉提出著名的"哥德巴赫猜想"

正数可以用有限数量的素数的和来表示，而这个数量不超过 800000。

在徐迟先生的报告文学《哥德巴赫猜想》中，曾有这样一段描述：

有一次，沈元老师给这些高中生讲了数论之中一道著名的难题——哥德巴赫猜想，即每一个大偶数都可以写成两个素数之和。哥德巴赫自己却不能证明它，于是就写信请教当时赫赫有名的大数学家欧拉，请他帮忙做出证明。一直到死，欧拉也不能证明。从此这成了一道难题，吸引了成千上万数学家的注意。两百多年来多少科学家企图给这个猜想作出证明，但都没有成功。

说到这里，教室里成了开了锅的水。那些血气方刚的同学，叽叽喳喳地议论起来了。

沈元老师接着又对同学们说：如果自然科学的皇后是数学，数学的皇冠是数论，哥德巴赫猜想则是皇冠上的明珠。

刹那间，热闹的课堂一下安静下来，同学们惊讶地瞪大眼睛望着讲台上的沈元老师。

一会儿，安静的课堂又沸腾起来了。

"老实说我们都知道偶数和奇数，也都知道素数和复合数，我们小学三年级就教这些了。这不是最容易的吗？"

"不，这道难题是最难的。这道题很难很难。要有谁能够做了出来，不得了，不得了，那可是不得了呵！"

坐在课堂上的同学，你一言我一语地议论开了。许多同学站了起来自信地说："这有什么不得了，我们来做。我们一定能做得出来。"

看到这场景，沈元老师笑容可掬地对同学们说："要做成一件大事是不容易的，要花费很多心血，忍受许多辛苦，如果想轻而易举地证明一道举世闻名的数学难题，那无异于想骑着自行车到月球上去。"

教室里又是一阵哄笑，这时，景润舅舅独自坐在角落里没有笑，他仿佛看到一颗美丽的明珠在他眼前熠熠闪光，试着踮起脚尖，够不到，他跳起来也不能碰到。猛然间，他觉得老师说得对。我们一定要夯实基础，应该从脚下做起，下苦功夫打好基础。

第二年，沈元回到北京继续他的工作。虽然，他仅仅是景润舅舅生命中

萍水相逢的一位过客，但"沈元"这个名字以及他所提及的"哥德巴赫猜想"，在那个年仅 16 岁的少年的内心播下了梦想的种子，确立了明确的奋斗目标。从此以后，他更加沉默寡言，每天除了读书就是读书。

景润舅舅与英华中学的缘分，与沈元的缘分，也许是冥冥中宿命的安排。1981 年英华中学百年校庆，他和沈元共同作为重要嘉宾回母校参加校庆。在参观学校图书馆时大家惊奇地看到，当年同一本数论专著的借书卡上，居然分别写着他们两个人的名字。诧异之后，所有陪同参观的人都开怀大笑起来。

晒着文凭摆书摊

新中国成立前的几年，外祖父家经济状况很差，除了维持一天三餐的生活以外，已经无法支付孩子们昂贵的学费了。景润舅舅继续在高中读书又成了问题，外祖父再次和他商量休学的事。

这时的景润舅舅对数学情有独钟，因而对继续上学表现出极大的执拗。外祖父的决定引发他激烈的顶撞甚至反抗。

"我决不辍学，一定要继续读书；要报考大学，这一辈子我就要研究数学。"他态度坚决地说。

外祖父被他的态度惊呆了，想不到平时胆小怕事、话语不多的孩子，会说出如此让人震惊的话。

"现在大学不招生了，你去哪里读大学？去哪里研究数学？"外祖父朝着固执的孩子吼叫着。

在欢迎解放军进城的欢迎队伍里，景润舅舅第一次看到了威武庄严的解放军战士，留下深刻的印象，产生了割舍不断的"军人情结"。记得我小时候，回福州探亲的景润舅舅只要一看到我腰上扎着皮带，手里握着木制的手枪装扮成解放军的模样，他立刻就会放下手中的书和我开心地玩起打战的游戏。他驯服地按照我喊出的立正、稍息、正步走的口令，做起各种动作，还会活灵活现地表演打拳的动作。看他那笨手笨脚的样子，我嘲笑他说：

景润舅舅出生时时候体质非常虚弱，从一出娘胎出来没久，一直都没有哭声，如同在襁褓里一切不动，助产婆合讯计多办法，也都没有哭声。家人围在一旁忙碌着，一直帮助接水，着高远这着哺养高的婴儿，一直没有哭声出来，着急地大吼一声，时间，一直没有哭声出来，着急地大吼一声，婴儿小声一依依尖声录……

"舅舅，我打得比你好，看我的。"说罢，也学他的样子装模作样地打起拳来。每当这时，他就会将我抱起来高兴地说："蛮好，蛮好！以后去当解放军，去打仗，去保卫国家。"

不久福州解放了，景润舅舅参加欢迎人民解放军进城活动，从人民军队严明的纪律和每个人脸上荡漾着笑容中，景润舅舅看到了生活的光明和学业的转机。他在心中默默地为自己祈祷，渴望新生的国家能带给他继续上学的机会。

8月份，正值暑假时间，为了让学生充分利用假期学习实践，学校安排学生补习。可是固执的外祖父仍旧不同意景润舅舅继续上学，为此，他伤心了很久很久。暑假后，看着同学们都到学校上课了，他内心又是羡慕，又是嫉妒，无奈中只好郁郁寡欢地待在家中。尽管如此，他还是没有放弃做自己热爱的数学演算。他想，只要努力在家学习也可以学到课堂上的知识，也可以演算数学习题，考上大学。想着这些，他更加发奋努力，演算数学习题的热情也更加高涨。每当通过自学掌握到一门新知识，解答一道疑难的数学题目时，他会情不自禁地陶醉在喜悦中。

景润舅舅能复学，陈金华老师发挥了很大作用。一天，陈金华老师到家与外祖父商量让景润舅舅复学。他先与景润舅舅交谈说："景润，新中国刚刚成立，非常需要人才啊！现在解放了，家里生活也有一些好转，你不应该就此放弃上学，要重新回到学校，继续学习，考出好成绩，按照自己的意愿报考大学。"借着陈金华老师一番肺腑之言，景润舅舅鼓起勇气，再次向外祖父表达了继续上学的想法。

性格倔强的外祖父仍旧不同意，又是母亲出面帮助景润舅舅向父亲说情。"爸，你就让润弟上学吧！润弟的身体一直都不好，在家里也帮不上多少忙。即便是辍学了，他也还是在演算数学题，这跟在上学也没区别啊。家里如今的生活也逐渐有所改善，学费咬咬牙也就交了，只有让他继续上学，才可以使他有一个自己谋生的本领啊。"

听了母亲动情的一番劝说，外祖父无话反驳。就这样，景润舅舅又重新回到学校继续上学了。

厦门大学原貌

1950 年春，中央人民政府教育部发布了高等学校暑期招考新生的规定，对报考资格认定是："凡有高级中学毕业的同等学历，而又持有必要的证明者，可报名投考。"百废待兴的新中国，是多么需要选拔人才和培养人才啊！于是，景润舅舅就这样搭上了新中国成立后第一批报考大学的快车，报考了梦寐以求的大学——厦门大学数理系。

厦门大学号称南国最高学府，是南洋侨胞领袖、爱国华侨陈嘉庚为救国图存而创办的。陈嘉庚从懂事起就亲历了甲午战争中国割让台湾、庚子年八国联军攻陷北京的巨变，当他海外经商有成，欲报答祖国母亲的时候，毅然选择了捐资办学。

1919 年 7 月，在创办了集美中小学和师范学校之后，陈嘉庚将海外所有企业交由其弟敬贤管理，毅然回国亲自筹建厦门大学。

1919 年 7 月 13 日，陈嘉庚在厦门大学发起人会议上慷慨陈词："今日国势危如累卵，所赖以维持者，惟此方兴之教育与未死之人心耳。若并此而无之，是致国家于度外，而自取灭亡之道！""试观吾闽左臂，二十年前固已断送。野心家得陇望蜀，俟隙而动，吾人若不早自猛省，后悔何及！诚能抱定宗旨，毅力进行，彼野心家能剐我之肉，而不能伤我之生；能断我之臂，而不能得我之心。民心不死，国脉尚存，以四万万之民族，决无甘居人下之理。今日不达，尚有来日，及身不达，尚有子孙，如精卫之填海，愚公之移山，终有贯彻目的之日。"

陈嘉庚的这段话在近百年后的今天读来，仍然令人激动不已。他践行承

陈嘉庚

陈嘉庚（中）在厦门大学

诺，完成了他的梦想。在那之后的岁月里，陈嘉庚倾其所有，兴办厦门大学，直到他生命的尽头。

　　功夫不负有心人，当景润舅舅收到了厦门大学录取通知书时，他将通知书紧紧捏在手中，欣喜若狂地跑回家。看到他那样子，一家人都搞懵了，当得知他考上大学后，全家人又笑成一团。虽然家里生活并不宽裕，但是既然他能考上厦门大学，学费还是可以咬咬牙筹集的。

　　当时，厦门沿海仍旧是前沿阵地。从福州到厦门的公路，为了躲避空袭，汽车必须用树枝伪装起来。景润舅舅乘车一路上，走走停停、停停走走，到了夜晚行驶的车辆还要关闭车灯。当抵达厦门时，已经是离开家之后的一个星期。

　　儿行千里父担忧。自从景润舅舅离开家那天，外祖父对这不善交往，不懂人情世故的儿子增添了更多的牵挂。是啊！景润舅舅一旦演算起数学题就忘记吃饭睡觉，这怎么能让老人放心得下呢？但牵挂、担忧、不放心又能如何呢？情况也的确故此。离开家前，景润舅舅虽然对着外祖父和兄弟姐妹的叮嘱连连说好，但是到了厦门大学之后，他很快就忘得干干净净，每天就是寝室、教室、图书馆"三点一线"式的生活，无休止地做起数学习题。

　　在厦大读书期间景润舅舅非常勤俭节约，为了省下钱买书，每天下课后回到自己的宿舍，馒头蘸着酱油来充饥。自小成长环境艰苦，也让他养成一

些不良的习惯，比如：不修边幅，不喜欢洗澡，不爱刷牙和洗脸。因为不刷牙，他还被同宿舍的同学取笑，在同学们"逼迫"下，才去买了一根别人已经用了一半的牙膏。此后，在同学们的影响和帮劝下，他的生活习惯才慢慢得到改变。

有一年我到北京出差，遇到景润舅舅厦门大学的一位同学。在交谈中，当他得知我的身份后哈哈笑了起来说："啊！你就是陈景润的外甥啊！你知不知道，你舅舅在厦门大学还有一个外号呢！当年，他可是我们学校的传奇人物，我们大家都叫他爱因斯坦！"

"爱因斯坦？"我不解地望着舅舅的老同学。

"你舅舅在读厦门大学的时候，一年四季都穿一身黑色的中山装，头戴黑色的学生帽，脚上不套袜子，光着脚穿一双万里胶鞋，在校园中很抢眼，常常被人误以为是外面的村民。他任何时候脑子都在不停地转悠，走路、吃饭，时刻都是若有所思。有时撞到了电线杆上了，就摸摸自己的头，摸摸电线杆，对电线杆说对不起，你说好笑不好笑。"

"有时突然下雨，他竟然毫无察觉，看着同学们四散奔跑，自己照旧悠然迈着方步，感觉路上又凉爽又开阔，很舒服。等他浑身湿透，像个落汤鸡一样瑟瑟发抖的时候，才知道老天下了一场痛快的大雨。"

"不过你舅舅被叫做'爱因斯坦'，与这些都无关。因为你舅舅一直埋头演算数学题，试图证明'三角两边之和不一定大于第三边'。有些人知道后就表示出善意的嘲笑，给你舅舅安上了这么一个'爱因斯坦'的外号了。"

说着说着，这位舅舅的老同学语气缓和下来了，表情显得认真严肃。

"是啊，嘲笑陈景润的那些人，最后都没有你舅舅后来的成就，尽管也有许多人在不同的工作岗位做出了优异成绩，但无法跟你舅舅相提并论啊！你舅舅不顾世俗的评论，勇于挑战人类的极限。伟大的科学家，你舅舅当之无愧啊！"说到动情之处，他情不自禁地眼眶红了起来。

在厦门大学读书期间，景润舅舅有许多机会与数学大师交流。

方德植老师是景润舅舅上大学的第一位数学导师，担任着数理系的系主任，亲自教授高等微积分、高等几何和微分几何等基础课程。他教学严谨、

李文清教授与陈景润夫人由昆及陈景润儿子陈由伟

要求严格、潜移默化的教学方法，对学生起到很好的启迪作用。他经常对学生讲，学数学要打好基础，一要理解书本中的定义、概念；二要训练运算技巧和逻辑思维。离开这两条，那是不能取得好成绩的。多年以后，景润舅舅始终坚持这样的学习方法，受益匪浅。

李文清老师也是一位开阔景润舅舅思路和眼界的良师。

李文清老师课堂授课时，经常介绍国内外最新的学术动态，鼓励学生向世界级难题进军。在一次数论课上，李老师讲到高木贞治在初等数论中提到的三大问题："所谓数论三大问题就是费尔马问题、孪生素数问题和哥德巴赫猜想。"他望着同学们说："中外许多数学家都说这三大问题很难，谁要能解决其中的一个问题，对世界就有了不起的贡献啊！哈代说人在 25 岁的时候最有创造性思维，我说初生的牛犊不怕虎，你们年轻人完全可以试试看。"

当时景润舅舅还不知道"哥德巴赫猜想"到底有多难，他只是在几年前听沈元说到"哥德巴赫猜想"很难证明，如今又听到李先生对"哥德巴赫猜想"难度的评价。到底有多难？到底能不能攻破它？如何攻破它？他的确没有更多的思考。李先生在课堂上的那一番"初生牛犊不怕虎，相信年轻人完全可以试试看"的话，一直在他脑海中回荡着。从此，攻破"哥德巴赫猜想"，好像一颗梦想的种子深深埋在景润舅舅的心灵，使他在做数学演算的时候有了更加清晰的目标。

衔梦
追忆舅舅
陈景润

厦门大学的学习生活很快过去，因为国家人才紧缺，景润舅舅提前一年从厦门大学毕业，被分配到北京四中任数学教师。

当得知自己要去北京四中工作，可以为家里赚钱了，他内心充满了喜悦。外祖父听说他要去北京工作，开心得几天都合不拢嘴。在外祖父眼里，教书是一个高尚的职业，特别是能到北京教书，在乡里乡亲面前那可是脸上有光的啊！

可是，景润舅舅对于北京的气候、水土极不适应。到北京不久，大病小病不断。因为平时不善与人交流、谨小慎微，福州地方口音太重，所以学校一直将他晾在一边，没有安排他给学生上课。这个情况，他一直没有对家人讲。校长觉得这位厦门大学的高材生，虽然有一肚子的学问，但竹筒里的豆子，倒不出来。于是只好让他去批改学生的作业。

寒冷的北方气候，对于身体虚弱的景润舅舅的确是难以适应的。到北京的第一年，他就先后住了六次的医院，做了三次的手术。即便如此，他仍没有放弃深藏在心中进攻"猜想"的梦。

华罗庚先生的名著《堆垒素数论》刚一出版，他立即买下来，如饥似渴地一头扎了进去。就是在住院期间，仍然偷偷地避开医生和护士，挑灯夜战地去研究。他的想法很天真，只要能刻苦研究，中学就没有理由不欢迎他。

他时常会产生这样的念头，如果身体状况一直不好，也许有一天将会失去工作。为了今后的研究和生存，除了大量买书外，他节衣缩食将所有的收入都积蓄下来，节俭到连一把牙刷也舍不得买。他横下一条心，哪怕就是失业回家，仍要继续进行他的数学研究，去圆心中那"猜想"的梦。数学就是他的生命，他的生命就是数学。自己将被辞退的"猜想"很快变成了现实，由于病一直好不了，中学最终决定不再续聘他了。

景润舅舅怀着十分复杂的心情回到福州，他对家人说是回来休假的。可是几个月过去了，学校的寒暑假过去了，他仍然住在家中。外祖父是一个极为敏感的人，揣想这孩子肯定是被学校辞退了，为了不触及孩子内心的伤痛，外祖父交代家人千万不要向他提起回学校的事。

景润舅舅出生的时候健康非常虚弱，从娘胎里来得久，一直哭没有哭声，如同在瓶子里。一丝儿气的接生，老母亲试用许多办法，也都没法改善。家人闹在一旁眷着，也连着五拜敲润，不到那孙儿的笑声，一直没有笑出声，普惠地大吼一声，瞬间，才随着笑声，婴儿小嘴一张交出声来！

大学时代的陈景润

陈景润摆书摊（选自陈景润电视剧照）

陈景润曾经摆书摊的小巷

　　有一天，景润舅舅从图书馆回来，非常兴奋地对母亲说："姐，我想到街上摆个书摊，自己可以看书，也可以为家里赚点费用。"说罢，他带母亲到自己的小房间，指着地上堆挤如山的书兴致勃勃："你看我从北京带回来这么多书，摆一个书摊，起码能为自己赚一点生活费。"

　　景润舅舅在北京四中工作了一段时间，每次领完工资，除了寄给家里和自己一点生活开支外，其余的全部用来买书。这些年来，他唯一的"积蓄"，也就是这些书了。母亲没有说话，她知道弟弟的脾气，只要认定的事是不会改变的。

　　第二天，熙熙攘攘的街面上多了一堆书摊，可是十天半个月下来，却很少人光顾。这一本本数学理论的书，有几个人看得懂呢？于是，他只好自得其乐，每天守在书摊上也不招呼过往行人，自己却痴迷的在书摊前看起书来。

一天，一位路过的管理人员询问他有没有营业执照。这一问，可把景润舅舅搞懵了。他从不知道营业执照为何物，一阵局促之后，突然想起自己有一张厦门大学的毕业证书，赶紧将它将递给这位管理人员。

"你是厦门大学毕业的？大学毕业不去工作，怎么来这里摆摊呢？赶紧把书收起来，要不我就告你去。"管理人员板着脸孔，大声嚷嚷。

在数学演算上，证明一道命题是真还是假，对于景润舅舅来说只是时间的问题，可是面对管理人员的猜疑和刁难，他彻底没辙了。恰好一位认识景润舅舅的小学老师路过，见到管理人员与摆摊的年轻人争执不休，便上前准备调解。可他万万没想到，这个摆摊的人，居然就是他曾经的学生——陈景润。

老师把厦门大学毕业证书拿过来仔细察看，对管理人员点点头笑着说："这位年轻人就是陈景润啊，厦门大学毕业证是真的，没有假。"

老师帮景润舅舅解了围，从那以后，景润舅舅凭着这张厦门大学的毕业证书理直气壮摆起书摊。老师也经常到书摊与他聊数学、聊社会见闻、聊厦门大学的学习生活。

消息慢慢传开了，许多人都借故来这书摊看书或买书。其中更多的人是想知道，这个厦门大学的高材生为什么要摆书摊。外祖父知道这件事后起初非常伤心，他觉得没脸面对街坊邻里和亲戚朋友。但景润舅舅心情很坦然，有更多的时间看书，能够更好地接触社会，增长社会知识，他觉得没什么不好。厦门大学毕业生摆书摊的消息，很快传到了厦门大学的校园，传到了厦门大学校长王亚南的耳朵。

"是吗？那个学生叫什么？"王亚南校长惊讶地问。

"陈景润。"

"陈景润……不就是数学系那三个提前一年毕业的学生之一吗？是我亲自给他们颁发的毕业证书，现在毕业证书当成营业执照了……唉！他不是分配到北京教书了吗？怎么回了福州？"

王亚南是我国著名的经济学家，1950年7月起担任厦门大学校长。他曾翻译了马克思的《资本论》，曾被称为"一个不倦耕耘的老农"和"懂得

王亚南（厦门大学原校长）

厦门大学东校门

人的价值的人"。当年景润舅舅在厦门大学读书的时候，因为不关心政治而被同学检举揭发。王亚南校长知道这件事情之后，断然在厦门大学校园内倡导"端正态度、加强学习"，并反复强调"学生的基本任务是学习"。在王亚南校长的支持下，景润舅舅所谓不关心政治的"罪名"才被剔除。

利用出差北京开会的机会，王亚南校长专门拜访了北京四中的校长。

"厦大社会知名度很高啊，可是你们学校培养的陈景润，讲课学生反映不好，专门批改作业，又三天两头生病，医药费我们就付了一大把啊！"不等王亚南校长发话，北京四中的校长就对景润舅舅发了一阵牢骚。

弄清情况后，王亚南校长回到厦门大学就立即找校党委书记陆维特。

"决不能让我们学校的高材生，因为没有找到适合的工作岗位荒废发展前途。"王亚南校长直言不讳地说。

在党委书记的支持下，王亚南校长决定让景润舅舅回厦门大学图书馆工作。

王亚南校长不愧为政治经济学的批判家，他懂得价值论，尤其是懂得人的价值。

1955年2月，景润舅舅回到了母校厦门大学工作。说也奇怪，一回来他的病也就好转了，学校打算安排他到厦门大学图书馆当管理员。王亚南校长不同意，让他专心致志地研究数学。

王亚南校长亲自出面把景润舅舅调回厦门大学，这对外祖父来讲那可是一生中最荣耀的事了。当我懂事的时候，外祖父时常会以这件事来教育我要好好读书。

　　"力力，古人说的好：'世有伯乐，然后有千里马。'厦门大学培养你景润舅舅，王亚南校长就是伯乐，发现了你景润舅舅这匹千里马。你舅舅是幸运的，因为他遇到了王亚南校长。你也要好好读书，把自己培养成千里马，要相信一定会有伯乐发现你的。"外祖父的话语中充满了感慨。

　　是的，如果没有王亚南校长慧眼识英才，就没有日后勇攀险峰摘取"皇冠明珠"的数学奇才陈景润。

景润舅舅生下的时候体质非常虚弱，从娘胎出来很久一直都没有喘气，如同在梦魇里一可不吐。助产婆尝试许多办法，也都没有效果。家人们在一旁热督忙，急得又是捶又是抹水，身高还没有桌背高的祖父不知不觉系的哭声，一直没有哭出声。看着吼火呢一声，瞬间，奇迹发生了，婴儿小脸一张哭出声来……

"笨鸟" 不屈 展翅翱翔

1952 年 2 月，景润舅舅到厦门大学图书馆工作，在图书馆他遇到了王亚南校长。"你的身体怎么样了？在这里还适应吗？" 校长主动上前与他握手问道。

"很好，很好，都很好！谢谢，谢谢王校长！"

可能是长期研究数字的原因吧，景润舅舅这一生中，与人对话语言极为简练，从来就是这么几句话："很好"、"蛮好"、"不好"、"谢谢你"。

1956 年，党中央决定召开全国知识分子会议，制定科学技术发展的长远规划。这是新中国历史上的第一次科技大会，会议通过了《1956 年至 1967 年全国科学技术发展远景规划》。在这次大会上，周恩来总理代表党中央传达和阐明了毛主席关于"向科学进军"的号召，并亲自领导制定了国家科学发展的远景规划，一时间，全国上下掀起了向科学进军的热潮。

作为科研战线的前沿，厦门大学也提出了培养目标："作为综合性大学的厦门大学，主要任务是培养理论与基础学科方面从事理论研究的专门人才，鼓励师生向科学的巅峰挑战。"

时代召唤科学家，同时也为有志人士创造各种平台。厦门大学数学系采取各种形式，努力为教师创造科研的机会和条件。曾经教过景润舅舅数学的系领导对他说："景润，你数学基础非常好，可以选一些课题进行研究，利用业余时间给同学们上课。如果需要系里支持，数学系会帮助你。"之后，数学系让他担任了"复变函数论"课程的助教。

在教学中，景润舅舅感到信心百倍，在讲台上，一点也不感到胆怯，几年来积累的知识喷涌而出。他深厚的专业知识和讲解获得了同事们的好评。

工作之余，景润舅舅都在进行数论研究，但一直感到没有多少进展，陷入了久久的苦闷之中。一次，他在图书馆资料室遇到李文清老师。李文清老师得知他的忧郁苦闷后，直截了当地对他说："要研究数论，应该多读华罗庚的书，特别是《堆垒素数论》。如果你能改进华先生的任何定理，就会在中国的数学界受到重视。"李文清老师的这番话使他深受启发、茅塞顿开。在重要的关头，李文清老师给他指明了数学研究的路径和方向。

从那以后，景润舅舅除了上食堂，去图书馆数据室外，几乎停止了一切与数学无关的活动，手不释卷，全身心地投入到华罗庚《堆垒素数论》著作中，这本厚厚的著作，他几乎能背诵下来。

后来，景润舅舅是这么形容当时如何研读《堆垒素数论》的："《堆垒素数论》我一共读了二十多遍，重要的章节甚至阅读过四十遍以上，华先生著作中的每一个定理我都记在脑子里了。"

景润舅舅背书有一个很特别的办法，就是把书沿着包装线拆开，分成一页一页的，每次出门就带一页在身上，不管是在走路、还是排队的时候就拿出来看，直到把每一页都看透了，他才重新把书装订起来。所以说，他的书没有一本是新的。

华罗庚说："勤能补拙是良训，一分辛苦一分才。"这句话放在景润舅舅身上，再准确也不过。

在熟读了华罗庚先生的所有论著之后，景润舅舅决定就"他利问题"做一些冲刺。

"他利问题"是数论中的中心问题之一，它吸引了无数数学家的关注和钻研。华罗庚的《堆垒素数论》以及《等幂和问题解数的研究》一文，都专门讨论了"他利问题"。这个问题被归结为对指数函数积分的估计，华罗庚在他的

论文中写道："但至善的指数尚未获得，而成为待进一步研讨的问题。"

经过一段辛苦的努力，景润舅舅终于在 1956 年完成了数学论文《他利问题》。在最终证明"他利问题"的时候，他改进了华罗庚先生在《堆垒素数论》中的结论。面对华罗庚这样的伟大数学家，他心里产生了一种恐惧。在李文清老师一再鼓励下，他才将论文交给了李文清先生审阅。

经过认真审阅，李文清先生认为景润舅舅《他利问题》的结果是正确的。面对自己的学生对于数学大师的结论发起的冲击，李文清老师既高兴，又不敢有丝毫的懈怠。于是，又找来张鸣镛老师一块再次审核。最后两位德高望重的老师审阅的结果一致：《他利问题》的证明是正确的。他们高兴的鼓励景润舅舅将这篇论文直接寄给华罗庚先生亲自审阅。

"任何事物都是不断发展的，你们年轻人如果在著名数学家面前止步，不敢再作进一步研究、获取新的成果，数学又怎么能发展呢？"李文清对景润舅舅说。

后来，李文清把景润舅舅的《他利问题》论文，直接寄给了中科院数学所的关肇直先生，并由关先生转交给华罗庚。

很快，景润舅舅接到了一份来自北京的电报。电文很简单："请陈景润到北京报告论文"。电报最后的署名是华罗庚。

1956 年，景润舅舅和李文清先生搭上了北上的列车，前往北京参加数学论文宣读大会。幸运的突然降临使他既高兴又紧张，在列车上，他忐忑不

厦门大学张张鸣镛教授

厦门大学出版的纪念张鸣镛教授诞辰80周年的《"数学王国"忘我的耕耘者》

安地问李文清老师："老师，您说我的论文好吗？"

"当然好啦，要不怎么会邀请你去参加全国数学论文宣读大会呢？"

"好，那就好！那你说华先生会喜欢我的论文吗？"

"当然喜欢啦，要不华罗庚先生怎么会亲自发来电报邀请你呢？"

"蛮好，蛮好！我的普通话不好，他们不会听不懂的吧？"

"你是去北京宣读科技论文，又不是参加普通话比赛。你先把论文背熟，然后讲慢一点，他们会听懂的。"

"那就好，那就好！"

伴随着咣当咣当的车轮声，景润舅舅在车厢里大声地背起了论文。李文清老师看着眼前这可爱的学生，想到他的努力终于得到回报，心里别说有多么的高兴。

在宣读论文那天，看到台下坐着的那些敬仰的数学家，景润舅舅兴奋、紧张的心情交织在一块。正如原先担心的那样，在宣读论文环节果然出了乱子，他结结巴巴读不下去，无奈之下，只好把论文内容写在黑板上。看到这情景，在场的科学家们都笑了起来，他们在不停赞叹眼前这位数学奇才的同时，也验证了社会上对陈景润的"痴迷、傻呆"的传说。

这时，李文清老师赶紧走上前帮助解围。"我的学生不善于讲话，请专家委员会同意让我为他的论文作补充介绍。"李文清老师诚恳地向主持人说。

最后，华罗庚先生上台做了评论发言，他高度评价了景润舅舅所取得的成果。针对景润舅舅的现场表现，他语重心长地说："我们不鼓励那种不埋头苦干，专作嘶鸣的科学工作者，但我们应当注意到科学研究在深入而又深入的时候，而出现的'怪癖'、'偏激'、'健忘'、'似痴若愚'。不对具体的人进行具体的分析是不合乎辩证法的，鸣之而通其意，正是我们热心于科学事业者的职责，也正是伯乐之所以为伯乐。"

是啊，华罗庚先生是景润舅舅另一位伯乐，他把景润舅舅从厦门大学带到身边，带到中国数学研究的最高殿堂。在这里，景润舅舅学会的不仅仅是数学的研究，还学到了许多做人的道理。华罗庚先生是景润舅舅终生敬重的恩师。

1956 年 8 月 24 日的《人民日报》对这次全国数学论文宣读大会做了如

下报导和评价："从大学毕业才三年的陈景润，在两年的业余时间里，阅读了华罗庚的大部分著作。他提出的一篇关于"他利问题"的论文，对华罗庚的研究成果有了一些推进。"

1957年9月，在华罗庚的推荐下，景润舅舅调到中国科学院数学研究所担任研究实习员。

中国科学院成立于1949年11月1日，它是在原国民党中央研究院和北平研究院基础上建成的。这里是中国自然科学研究的中心，中国最高学术机构。成立于1952年的中国科学院数学研究所，则是最早成立的数学专门研究机构。

景润舅舅的具体工作部门在数学所五学科室，这个研究室的主要研究方向是数论、几何、代数和拓扑，他主攻的是数论。

那时候，中国的数论学派已在世界上具有举足轻重的领先地位。在华罗庚先生的带领和指导下，这支队伍迅速地成长起来，在解析数论的各个方面都做出杰出的贡献。其中，王元和潘承洞在"哥德巴赫猜想"的研究中，都曾取得令人瞩目的成绩。华罗庚曾说过："当初调陈景润来数学所，就是看中他肯于动脑筋。"

每到一个地方，景润舅舅关心的第一件事是图书馆在哪里。没有图书馆的地方，他必定再问，那书店呢？书店在哪里？

到了中科院数学所后，景润舅舅发现数学所的资料室，有许多外文版的世界数学名著，深切感到自己掌握的外语基础在阅读中远远不够用。于是下狠心一定要提高外语水平。他为自己制定了详细的学习计划——巩固提高原有的英语、俄语；自学德语、法语。为了学习外语，他开始攒钱买收音机。

当时一台短波收音机的售价是80～100元，相当于他两个月的工资。他既舍不得花这么多钱，也买不起。他开始琢磨着到旧货市场买一台二手货，于是，他到图书馆借了一本《电子管原理》，从中了解收音机的基本知识。而后，又到五道口一家旧货商场，花15元钱买了一台已经不能收听的收音机。收音机买回来之后，被同宿舍的同事嘲笑很久，大家都议论他"抠门"，花钱买了一个破烂货。

这确实是一台外观非常怪异的收音机，他装装卸卸，不停的摆弄，收音机竟然被他修好了，收听的效果一点也不比新的差，更让他欣喜的是，收听外文信号还相当稳定。

一次，景润舅舅与我在聊天中，谈起了当年买收音机的事。

"我估计没什么问题才下决心买下来的，收音机里面的零件不像是短路烧过，也不像是摔过的。如果修不好的话，即使五道口这家店不退货，但在海淀镇也可以按15元委托出售。买了这台收音机，我派上了大用场，还学到修收音机的本事呢！"说罢，他拿着这台收音机开心地笑了起来。这是在我所有的接触中，他第一次为自己生活上的创造笑的如此开心。

其实，景润舅舅处理自己生活，就好比买一件东西，是因为惜"福"才让人感到"抠"门。他不懂得如何去表达"惜"福的原意，他是用自己的行动实践这"惜"福的传统美德。比如对于金钱，他会像爱惜时间一样珍惜它，反映在行为上那是非常的"抠"门。

对于科研工作，他花费了大量时间，毫不吝啬。据数学所林群教授回忆：陈景润总是在做一些别人想都不敢想，觉得花一辈子时间都不够用来证明的题目。"

数学所林群教授也是福州人，与景润舅舅的关系最为密切。他曾经深有感触地说："我并不认为陈景润是天才，一个问题要他马上回答出来是很困难的。但几天后，他回答的问题比谁都深刻，像一束激光穿透钢板。科学攻关，比智商更重要的是比自信和毅力。一般人见到一条途径就往上爬，爬到一定高度就途穷路尽了。但陈景润在攻关时，同时选择10条路。这就需要10倍

数学所林群教授及其著作《微积分快餐》

于别人的投入，同时也就有了数倍于别人的成功机会。"

景润舅舅许多心里话都会对林群教授讲，特别是一些研究成果，总是第一个与这位老乡大哥分享。林群教授除了支持、鼓励和赞许，从来都不会嘲笑景润舅舅异想天开。

有一天，景润舅舅对林群教授说了一个疑问："一个 10 阶行列式，怎么知道它一定不等于零呢？"

"既然这么写，大概已经计算过。"林群教授漫不经心地回答。

"我觉得不可能，他应该没有计算过。"景润舅舅语气中充满了疑惑。

"也有可能，这个问题单单乘法就要算 360 万项以上。如果一分钟计算一次乘法，一天算 10 个小时，那么一个人要算 10 年。虽然列式计算有一般的'消去法则'，但是具体怎么计算这个 10 阶行列式，论文作者应该也没有算过。"林群教授说。

景润舅舅不再吭声了，林群教授以为事情也就到此为止，不料几个月之后，他找到林群教授旧话重提。

"上次说的那个 10 阶行列式，我已经算出来了，结果恰恰是零。"

"啊！你真的计算过了？"林群教授瞪大眼睛，惊讶地望着景润舅舅，他无论如何也想不到，景润舅舅会耗费这么多时间苦苦演算 10 阶行列式。这是一项多么巨大的演算工程啊！

"我怀疑那篇论文的作者是否计算过，自己就多花了点时间演算，工作量是大了一点，要做演算就得拼命。"说完，他自豪地笑起来。

不久，景润舅舅对林群教授又提出另一个问题："一个三元五次多项式，怎么样才能找出所有的解答。"

这个问题不是儿戏，即使是一元问题，也像海底捞针一般无从下手，更何况三元问题。林群教授想，他可能是随意问问，不会又去一个一个的演算吧？

时隔不久，景润舅舅兴冲冲地跑来跟林群教授说："我算出来了，所有的解答都有了。"林群教授不敢相信自己的耳朵，吃惊地望着他，半天没有说话。

"其实很简单，找到一个就少一个，一个个找，只要肯花时间。"景润舅舅笑着说。

　　林群教授被景润舅舅的执拗和对数学的孜孜不倦，尤其是他那不折不挠的钻研的精神彻底折服了。

　　调到中科院数学所工作，景润舅舅的生活、研究有了保障，数学研究取得很大的突破，相继发表了多篇论文。在华罗庚先生的带领下，他铆足了劲头朝着既定的目标奔跑，积蓄着巨大的能量，一步一步，由"量变"到"质变"，向"哥德巴赫猜想"猛烈冲刺。

景润舅舅出集的时候陈庚保常庭弱，从娘胎出来很久，一直都没有哼叫，如同在娘的肚里一动不动，刘产婆尝试许多办法，也都没有效果，家人围在一旁非常着急，一直都奶儿水，身高远没有待育高时的每亲所不料柔柔的哭声，老是得直憋的景润，片刻父及母儿一直没哭出声，着急地大喊一声，瞬间，哥哥诞生了，婴儿小嘴一张又出来了！……

孤独的追梦者……

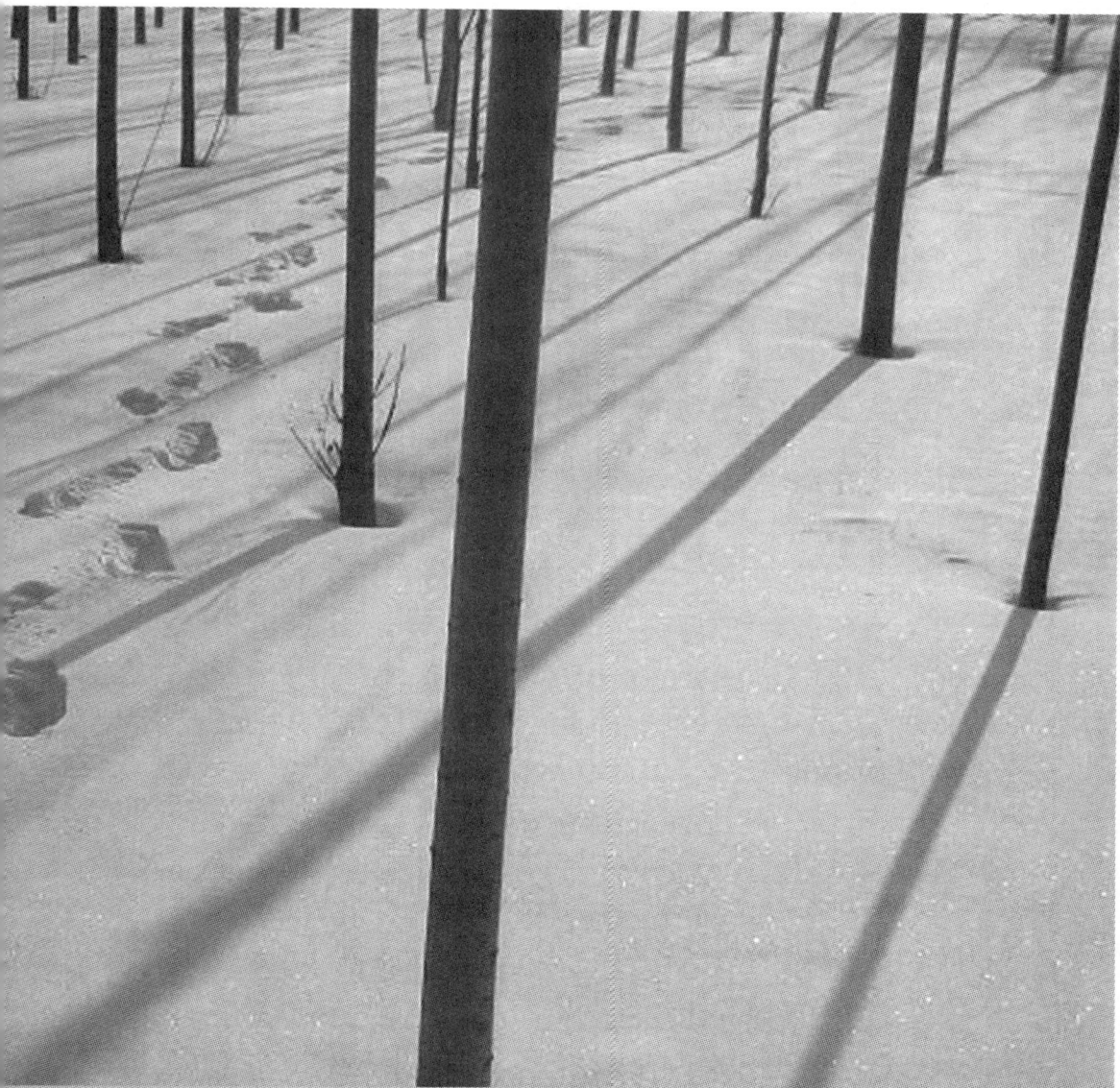

第二辑

孤独的追梦者

　　科学家们的脚步离光彩四射的明珠越来越近了，但脚下的路也愈来愈陡峭。景润舅舅一开始，就是在陡峭的几乎无路的山崖上起步的。他艰难地挪着脚步，向着数学的顶峰攀登着。最初，有人在他身边与之为伴，前人留下的脚印和绳索，可以让他借助去攀登。渐渐地，面对着陡峭的山崖，脚下全是峭壁和悬崖。同路的人几乎就没有了，他成了孤独的攀登者……

斗室之中有乾坤

景润舅舅初到数学所工作的时候，没有固定的宿舍，暂时住在西苑大旅社。1958 年，中关村南区中科院家属宿舍落成，每座楼四层三个单元，有的单元四居室，有的三居室，宽敞明亮，采光充足，均配有厨房、厕所，宿舍生活十分方便，这样的住房条件在当时已是很好了。

数学所也分配到了几套这样的住房，就是现在中关村宿舍区的 63 号楼。景润舅舅和其他三个单身科研人员被安排在其中的一间房子里。搬进新居的第一天，累了一天的室友纷纷入睡，只有他又摊开书和稿纸开始在凌乱的房间里演算。不一会儿，有人发出微微的鼾声，有人则在灯光下辗转难眠。夜深了，有人终于忍不住地对他说："小陈，明天再看吧！"听到这句话，他虽然嘴巴上答应，但是并没有放下手中的笔，还是继续看书演算。

反反复复地被人催促之后，第二天他去买了一个灯罩，把电灯罩上，尽量地把动作放缓，不出任何声音。尽管如此，几天之后还是被室友提意见。他多么希望能有自己的一个独立空间啊！不一定要多大，多宽敞，甚至采光也不用这么足，只要能自己一个人使用可以。

在当时的条件下，一个到新单位的研究实习员想单独拥有一间住房是不可能的，他心里暗暗发急。他想："华老调我到中科院可不是让我在这里按时睡觉，按时起床的。我得想个办法。"

几经思考之后，他突然醒悟！对了，厕所还没有启用，厕所有一个门，可以当做一个独立空间来用，晚上做课题的时候，只要把厕所的灯打开、门关上，就不会影响到室友睡觉了。

"我想搬到厕所去住。"当他把自己的这个想法告诉了数学所的领导时，领导们都感到不可思议。

"怎么？住不习惯，还是和室友闹矛盾啊？"领导们曾经听过有关他的怪癖，最担心的就是他和室友相处不好。

"啊！不是，不是的……"他着急地一时回答不出来，只是连连摆手。

"没关系，你要是住不习惯，我给你调到其他宿舍就行了，你看平日里

中国科学院大楼原貌

中关村数学所的宿舍楼原貌

李尚杰向记者介绍陈景润所居 "斗室"

第二辑 孤独的追梦者

科学家们的脚步总是光彩四射时明珠般地璀璨了，但胸下的路也常常会暗明。景润曾经一开始，就是在陈景润自己无力的山屋上起步的，他没有地拉着脚步，向自己的巅峰愛着，甚至，有人在他身边的动态在驱动的怀里。前人留在他脚印和碗碗，可以让他健迎走。碗下全是明望和惶怒，同踏的人几乎就没有了，他成了孤独的攀登者……

047

和谁比较好相处，我帮你协调一下。"领导宽慰他说。

"我……我……我晚上睡觉得晚，我要做演算，开着灯，做演算也会发出声音，影响到室友的睡觉。"他终于把原委如实说出来了。

听了他的解释，领导们都笑了。他这么廉价的要求，确实让领导们哭笑不得，既然没办法给他调单间，只好顺从他住厕所的要求了。

"那行，你就搬到厕所去住，有什么困难再来找我。"领导爽快地说。

这个厕所，是一个呈长方形的朝北的小房间，面积约 3 平方米，里边除了装有坐式抽水马桶以外，没有任何其他东西。可是当他把床搬进来之后，里面的空间就被全部塞满了，连一张小小的书桌也放不下。他只好把单人床的一头骑在马桶上，把床当做书桌，再在床前放几块砖头权当椅子用。

1975 年 10 月，我到北京钢铁学院读书。那时，景润舅舅已经搬出那间宿舍的厕所，搬到另一座宿舍楼走廊一间原来用来烧水的小房间。这房间呈刀把型，大约只有 6 平方米。那天，如果不是数学所五学科李尚杰书记陪同，我和母亲根本找不到这小房间。

小房间内摆放着一张比单人床稍大一些的床，床上堆放着两床棉絮。正面窗户下摆放一张脱了漆的书桌，桌前放着一张类似中学生用的木制靠背椅，在小房间呈刀把型的拐弯处堆放着好几个麻袋，里面装着一摞一摞演算过的稿纸。床紧靠着门边，进门后如果不马上侧身，门是关不上的。小房间里最多只能容下四个人，床上、书桌上堆着许多插着用纸条做书签的书，还有许多空的药瓶子。走进房间，看到眼前的场面，母亲眼圈红了。

"润弟，自己一个人生活，要懂得照顾好自己啊！"母亲说不下去，眼泪情不自禁地流了下来。

"姐姐，我很好，我很好。"景润舅舅腼腆地解释说。

第一次看到景润舅舅的生活和工作环境如此窘迫，我的心里五味杂陈。床上的被子连被套都没有，发黄的暗花床单上，只是堆放着两床棉絮。我难以相信，一个如此有成就的科学家，竟然会是这样一种待遇。

"没关系，我在房间的时间不多，白天都去图书馆，晚上图书馆关门了，我才回来。这样蛮好，蛮好！"看我们惊讶，景润舅舅一个劲儿地解释。

左图为 1975 年 10 月，作者到北京钢铁学院读书时，在陈景润宿舍楼前留影；右图为作者和母亲在北京钢铁学院大门前留影。

走出小房间，景润舅舅带着我和母亲到附近的一家小餐馆吃饭。他点了两个菜和一个汤，母亲刚要付钱，他连忙将母亲的手拉住说："姐，我来，我来！"

后来我才知道，这是景润舅舅破天荒的第一次请亲戚朋友在饭馆吃饭。

这次与景润舅舅见面，我隐隐感到他对我不够热情。

"润弟，宋力在北京钢铁学院念书，离你也不远，让他常来看你，帮你做点什么，你也抽空教教他。"母亲对景润舅舅说。

"不要，不要，我没有事。"景润舅舅直截了当地回绝了母亲的提议。

吃完饭，景润舅舅连忙说："我忙，不留你们了，这里离钢院不远，你们可以乘公共汽车回去。"

景润舅舅走后，母亲见我心情不好，连忙对我说："别怪舅舅对你态度不好，他是知识分子。这些年他在北京，肯定经历了许多事、吃了不少苦。每次写信回来，他总是跟你外祖父说蛮好、蛮好。看他今天的情绪，一定在担忧着什么。"说罢，母亲又交代说："钢铁学院离中科院不远，你要多来看看舅舅。让他多吃点营养，有空帮他洗洗衣服。记住了，要多看看你舅舅啊！舅舅实在是太不懂得生活自理了。"路灯下，我看到母亲眼眶的泪花。

母亲和景润舅舅姐弟情深，听了母亲的一番话，我心里涌起了怜爱之心。我想，舅舅肯定有说不出来的苦衷。

在北京读书的那几年，我时常去那间小屋找景润舅舅。有几次一直敲门都没有人响应，我便到图书馆找他。见面后他对我的态度总是不冷不热。"我蛮好的，不需要你做什么，回去好好读书。"说罢，就扭头不理我了。

有一天傍晚，下了课我又去那小房间找景润舅舅，恰巧遇到李尚杰书记从宿舍楼出来，他笑着对我说："你舅舅在房间，进去看看。"我三步并作两步冲上楼，在景润舅舅的小房间门口我使劲地敲门，敲了很久，里面没有反应。

"舅舅，我是宋力，开门啊。"我在门外大声地喊。

不到一会，门开了。他堵在门口严厉地对我说："你不好好在学校读书，怎么老是往我这里跑。我不是说过，我的事不用你帮，我很好！"说罢，将门重重地关上。

此时此刻，我感到眼前一片茫然。眼前这位高声厉气的人难道就是自己的亲舅舅吗？我受母亲的嘱托来关心他，帮助他料理日常生活，一片亲情竟然得到这样的回报。想着想着，我委屈地失声痛哭起来。

我流着泪走下楼，遇到在楼下等候我的李尚杰书记。不等我说话，他和蔼地拍了拍我肩膀说："回去吧！不要哭。他怎么能这样对待自己亲外甥呢？过几天，我好好地教训教训他。"李尚杰书记像哄孩子似的安慰我。景润舅舅非常敬重李尚杰书记，我想，今天发生的事，他一定会去批评景润舅舅的，但不至于去教训他吧！

从这以后，我很久都没有去景润舅舅的小房间。怕母亲伤心，这件事我一直藏在心里没有告诉任何人。

一天，李尚杰书记到我学校，他带着我在学校的林荫小道散步。"宋力，还在生你舅舅的气吗？"他主动向我提起那天发生的事。

"你不知道吧，你舅舅那小房间是轻易不开的，我是最荣幸的一个，每次听到我的声音，他都要问还有谁？如果是我一个人，他才把门打开。上次你和母亲来北京，我事先做了很长时间的工作，最后你舅舅勉强同意，否则，你和母亲是绝对进不了那小房间的。你舅舅胆小怕事，这些年他经历的苦难太多太多了啊！你到他小房间门口敲门，还大声嚷嚷说是外甥，这样你舅舅就更担心了。他是怕连累到你，影响你的前程，所以一直跟你保持距离，不敢和你好好相处。我知道，他爱得越深，与人保持的距离就越远呀。他是被一场又一场的政治运动折磨怕了。"李尚杰书记语重心长地说。

李尚杰书记和我边走边聊，交谈了许多景润舅舅的事，我心里明白，他是专程来的，希望我能更好地了解舅舅。他还说了许多景润舅舅这些年在北京遭受政治运动冲击的情况，并且夸奖景润舅舅对于数学研究的坚持。

"你舅舅啊，对政治运动之类的事情，他是不关心的。身边的人纷纷参加了红卫兵，把自己的老师拽出来批斗，你舅舅从来不随波逐流，别人要他揭发华罗庚的罪行，让他说华罗庚抄袭他的论文，他反而坚持说华罗庚是好老师，实事求是，只是正常地引用他自己的论文。看到华罗庚被批斗，你舅舅躲在宿舍里偷偷地哭。"

"你还不知道吧，你舅舅也因为一直坚持演算数学而被红卫兵抓出来批斗过，因为实在承受不了强加在他身上的罪名，曾经从楼上跳下去呢！幸好被树枝挂住，救了一条命。如果他就这样走了，有谁会来证明'哥德巴赫猜想'呢？"

李尚杰书记望着我笑着又说："那天你委屈地走后，第二天我'教训'了你舅舅，让他知道这样对待你，不仅让你心里难受，如果你母亲和亲朋好友知道了就更不好了。我对你舅舅说，如果还是这样的态度对你，别人会以为你现在成了大科学家，没有亲情了，六亲都不认了。你舅舅没有想到这点，只想到不给你带来麻烦，你一定要多理解他啊！"

听了李尚杰书记一番话，一直藏在我心里对景润舅舅的怨恨豁然解开。我理解他，更为他与众不同的对我的关爱而感动。

景润舅舅就是在这样一个6平方米的小房间里完成"哥德巴赫猜想"的证明。房间小小的一扇门，既为保护自己，更为保护他人。他没有对世人的报复和偏见，只是用坦诚的科学的态度来对待人与人之间的交往。

对于自己巴掌般大的居住环境，景润舅舅当然不会陶醉于陋室，怀思古之幽情，但他觉得6平方米自成一体，很适合自己，有利于工作、研究，有利于静静地思考，斗室之中，乾坤朗朗，所以他总是说："这样蛮好，蛮好！"

第二辑 孤独的追梦者

进军 "哥德巴赫猜想"

"哥德巴赫猜想"的论证，景润舅舅都是在寒冷的北方气候下进行的。对于身体虚弱的他来说，工作强度以及寒冷天气，都是难以适应的。

在如此艰辛的生活环境下，他还是以数学研究的兴趣为支撑，一直保持着孜孜以求的工作状态，丝毫没有放弃深藏在心中"猜想"的梦。关于这个"猜想"梦，他很少与人提起，仅有一次对林群教授悄悄说："我有一个梦想，就是要打倒维诺格拉多夫（前苏联的世界级数学权威）。"神秘的语气中充满了必胜的信心和勇于挑战的气势，让人感到浑身上下激情流淌。

逛书店是他常年保持的生活习惯。一次，他在逛书店时看到售货员正在书架上摆放华罗庚新近出版的名著《堆垒素数论》，当即就把这本书买下了。对于买书，他从来都不吝啬。

陈景润用过的煤油灯

小时候，到外祖父家，总会看到许多书。有时候我也会调皮地随便拿出来翻翻，看到这些书都是一堆堆的符号和数字，感到非常奇怪，一直不明白景润舅舅为什么会着迷上这些符号和数字。随着年龄的增长，我也学了高等数学，并从中了解数学中的逻辑思维与解题的乐趣。也是从那时候起，我渐渐地崇拜钻研数学的景润舅舅。

　　经过多年的准备和积累，景润舅舅开始向"哥德巴赫猜想"进军。这时，距他在中学课堂上第一次听沈元教授提到"哥德巴赫猜想"，已经过去近10年时间。

　　这一时期，他时刻关注着关于"哥德巴赫猜想"的最新研究动态，苦思冥想着如何摘取这颗数学皇冠上的明珠。他像一个刚学会下棋的新手，一心想找经验丰富的老师对弈；又像是一个刚刚超越某个高度的跳高运动员，望着新的高度跃跃欲试。他下定了铁的决心，不管遇到多大的困难和曲折，都要把它攻下来。

　　"哥德巴赫猜想"这举世闻名的世界难题，自从1742年提出以来，让无数英雄折腰。直到本世纪20年代，破解这个难题才略有进展。

　　1920年，挪威数学家布朗改进了古老的筛法。首次证明了每个充分大的偶数都是两个素因子都不超过九的正整数之和。数学界将布朗的结果，记为（9+9）；

　　1924年，德国数学家拉德马哈尔证明了（7+7）；

　　1932年，英国数学家爱斯特曼证明了（6+6）；

　　1938年，前苏联数学家布赫师塔勃证明了（5+5）；

　　1940年，布赫师塔勃又证明了（4+4）；

　　1956年，前苏联数学家维诺格拉多夫证明了（3+3）。

　　但上述结果都有一个弱点：其中的两个数，没有一个可以肯定为素数的。

　　1948年，匈牙利兰恩尼开创了（1+C），其中C很大。此后10年，"哥德巴赫猜想"（1+C）就一直再也没有什么进展。

　　在我国数学界，同时向"哥德巴赫猜想"进军的还有王元和潘承洞等数学家。他们在这领域中，也做出了杰出的贡献。

陈景润与数学所王元教授（左）、潘承洞教授（右）合影

　　王元是著名的解析数论专家，1929 年出生，1952 年毕业于浙江大学，经著名数学家陈建功、苏步青推荐，在华罗庚身边从事解析数论研究。

　　潘承洞是著名数论专家，1934 年出生，1956 年毕业于北京大学数学系，是闵嗣鹤先生的研究生。

　　1954 年，华罗庚亲自主持"哥德巴赫猜想"研讨班。1957 年，王元证明了（2+3）；1962 年，潘承洞证明了（1+5）。

　　王元与潘承洞的研究，是他们两人在不断的交流与切磋中进行的。王元在北京，潘承洞在山东，虽然身处两地，他们通过频繁的书信来往进行探讨。潘承洞在证明（1+5）时，与王元的信件是很多的，他不时地将研究结果告诉王元。但王元则不相信潘承洞的结果，每每予以反驳。于是，潘承洞在不断地向王元加以辩解，所以彼此间的信写得很长。几经周折，王元最后承认了潘承洞的结果是对的。说来好笑，潘承洞在这段时间总共给王元写了六十多封信，而给在北大读书的未婚妻李淑英仅仅才写了两封信。

　　不久，潘承洞和王元一起，又将猜想的结果推进了一大步,他们证明了(1+4)。

　　1965 年，苏联的维诺格拉多夫又证明出了（1+3）。

　　与王元和潘承洞不同的是，景润舅舅性格孤僻，习惯于一个人钻研。华罗庚慢慢了解了这个不善言谈的弟子，常常笑着对身边的同志们说："就让他一个人去搞吧！大家也就不要去影响他了。"即使如此，景润舅舅和王元、潘承洞之间的学术交流，也是从未间断过。因为，当时国内外所有的研究论文都是公开发表的，三人之间除了交流合作之外，还有相互的敬重。

科学家们的脚步离光彩四射的明珠越来越近了，但脚下的路也愈来愈陡峭。景润舅舅一开始，就是在陡峭的几乎无路的山崖上起步的。他艰难地挪着脚步，向着数学的顶峰攀登着。最初，有人在他身边与之为伴，前人留下的脚印和绳索，可以让他借助去攀登。渐渐地，面对着陡峭的山崖，脚下全是峭壁和悬岩。同路的人几乎就没有了，他成了孤独的攀登者。

李尚杰书记曾经深有感触地对我说："你舅舅的成就是用生命换来的啊。"

的确，在钻研"哥德巴赫猜想"那艰难岁月里，景润舅舅已经物我两忘，甚至出现了一些让常人根本无法理解的奇怪行为。

在食堂里就餐，他很少买过炒菜，一般是馒头就着酱油兑开水吃，如果错过了食堂开饭的时间，就白水煮着半生不熟的面条。他从不吸烟、更不会喝酒。他喜欢喝家乡的茉莉花茶，常常将剩下的茶叶嚼着吞下，当他感到身体实在支撑不了时，会用人参须根泡一点水喝。要说奢侈的话，那就是一年四季都喝牛奶。当年，北京牛奶是用玻璃瓶装着的，瓶口上用一张蜡纸盖着并用一根细绳扎裹着，他小房间的窗台上堆积着许多空的奶瓶。一次，我帮他整理这些空奶瓶，发现有些奶瓶还剩一些未喝完的牛奶，正要将它倒掉。他着急地说："不要，不要，还可以喝，还可以喝。""这些都变质了啊！"我生气地说。"不会的，不要浪费，浪费是最大的犯罪。"说罢，他将这些剩下的牛奶往一只空瓶灌。看他那认真的样子，我真不知道该怎么劝他。

一年四季，景润舅舅就穿一件特别宽大的夹层蓝布中山装。夏天，他将夹层的棉花掏出来后当外衣；冬天，他再把棉花塞进去，充当御寒的棉衣。他把所有的精力都用来思考"哥德巴赫猜想"的证明，一有所得立即记录下来，不管在半夜，还是行走在路上。

社会上，关于景润舅舅神经有问题的传闻不绝于耳。

有人说，他每月给外祖父寄 10 元钱，必定要扣掉一角的邮费。于是，外祖父只收到他寄来的 9.9 元；

有人说，他走着路读书，撞了电线杆时，还会愧疚地连声说对不起；

有人说，他在商店买东西，售货员少给了他7分钱。为了讨回这7分钱，他居然花7角钱乘公共汽车返回向售货员索要；

有人说，他经常一只脚穿着袜子，另一只脚却光着。或者，两只脚的袜子颜色不一样；

……

各种传闻成筐成篓、不胜枚举。所有这些传闻，成为社会上人们茶余饭后的谈资。传闻是有依据的，从这些足以说明，一个伟大的科学家在生活上往往是无知的。相反，就不可能成为对国家，对人类有贡献的人。景润舅舅对数学钻研的痴迷从中可见一斑，在中关村的确也是家喻户晓的。

在普通人眼中，他似乎是不正常的。可是在数学家的眼里，他再正常不过的了。著名数学家杨乐曾对采访他的记者这样说："你是不是也认为陈景润不正常？科学家都是正常的，当他们在攻关的最后阶段，都忘我地沉浸在研究的对象上。气痴者技精，这就是正常。"

景润舅舅在"猜想"的高峰上继续攀登，越往上攀登，空气越来越稀薄、道路越崎岖。无知的嘲讽、善意的劝说，不时传进他的耳朵。他的鞋磨破了、手指流血了；他脸色苍白、两眼深陷，咽喉炎、肺结核等病痛折磨着他，严重的腹膜结核，使得他几度腹积水。他不断地咳嗽、腹胀、腹痛，体温常年低热，脸颊上泛起了肺结核患者特有的红晕；医院的医生几次断定他活不了几年。但死神竟奇迹般地从他身边悄悄地溜走，而他只要一息尚存，便把手中的笔握得更紧、更紧。

无数次的失败，使景润舅舅渐渐地冷静下来。他想，向着山顶的路有无数条，他要找到能最终通往山顶的一条，就必须不停地攀登、摸索。他开始尝试用不同的方法向目标前进，有时他艰难地演算了半天，却发现是一条死路，只好悻悻地退了下来。为了证明一个引理，他往往同时采用几种甚至十几种的方法，通过不同的途径反复进行演算。他感到在这个充满公式、数字和符号的世界里，兴趣盎然，富有奇特的诗意。

正如马克思所说的："在科学上没有平坦的大道，只有不畏劳苦沿着陡峭山路攀登的人，才有希望达到光辉的顶点。"

无数次的尝试，无数次的摸索。一张张演算的稿纸像雪片飘落下来，在他那小房间地板上，堆集成厚厚的一层。数字、符号、公式，化成了登山的梯子和绳索。终于有一天，他寻找到了攀登顶峰的路，攀登上（1+2）的台阶。

1966年，景润舅舅完成了（1+2）命题的论证，这篇长达200多页的证明，凝聚着他为之奋斗十年的心血。虽然，它离顶峰仅有一步之遥，但这成就已经足够让世界为之一震。

当年苏联的维诺格拉多夫证明（1+3）时，采用的是大型高速计算机。而他证明（1+2），则完全是一个人用手工计算的。对于这成果，数学家王元院士是这样评价的："'哥德巴赫猜想'是1742年提出来的，至今已有250多年。近80年来，这个猜想也吸引了世界上许多伟大的数学家来攻克。从1966年到现在，陈景润证明的（1+2），保持着世界纪录和领先地位。陈景润（1+2）的伟大，他的非常之处，还在于其成果是产生于极其恶劣的物质环境之中。在厕所改成的宿舍里，在6平方米不到的楼道小房间里，陈景润演绎出几麻袋的数学手稿，在科学的世界前沿，为中华民族争得了一席之地啊！"

站在（1+2）的高峰上，景润舅舅极目远望：崇山峻岭在云雾中若隐若现，千年的雪莲在他身边绽放，凤鸾在他耳边和鸣。面对数学巅峰的美景，他简直陶醉了。这时，他急切希望有人承认他的成功、分享他的成果。但是，并不是每个人都能领略这数学高原上的美景，即使是著名的数学家，如果不是专门研究这一分支的，也不能轻易迷醉其中，能证明他是攀登顶峰的人，更是微乎其微。

审阅（1+2）证明是一件极为辛苦且不讨好的工作，不仅要找到一位在数学界德高望重的专家，而且还必须是甘当风险、勇于奉献、工作认真负责的人。于是，他想到了闵嗣鹤教授。

闵嗣鹤教授，1935年北师大数学系毕业后，在西南联大任教，1945年公费获取英国剑桥解析数论研究生，1947年获博士学位后，在美国普林斯顿高等研究院研究数学一年。他婉言谢绝导师和剑桥大学的挽留，于1948年

回国在清华、北大任教并任中国科学院数学研究所专门委员。

闵嗣鹤教授被景润舅舅长达200多页的论文惊呆了，他深知这篇论文的证明分量，如果证明是正确的话，中国将在世界解析数论方面取得令世人瞩目的领先地位。闵教授当时身患心脏病，生命随时处在危险之中。但为了审阅论文，他拼着性命帮助演算、反复检查、反复核对。他是第二个沿着景润舅舅研究路径攀登的人，但在这条人迹罕至的陡峭山路上，他付出了双倍的艰辛，一边检查，还要一边攀登。终于，闵嗣鹤教授也到达了（1+2）的顶峰。在万分激动的情况下，他根本无暇欣赏顶峰无限风光，而是急切地要向世人宣布：中国的陈景润，在解析数论上取得重大的历史性进展。

在对景润舅舅论文的审阅意见上，闵嗣鹤教授工工整整地写下：命题的证明是正确的，但论文篇幅过长，建议加以简化。

1966年，中国数学界升起一颗耀眼的新星。当年5月15日出版的中国《科学通报》，向世人宣告陈景润证明了"每个大偶数都是一个素数及一个不超过两个素数的乘积之和"。这一研究成果使他在"哥德巴赫猜想"的研究上，取得世界领先地位，受到广泛征引。

对于这样一个震惊世界的研究成果，没有人会相信，景润舅舅是屈居于不到6平方米的小屋，借着一盏昏暗的煤油灯，没有借助任何先进的计算工具，

1998年3月24日，陈景润夫人由昆女士将被抢救发现的陈氏哥德巴赫猜想（1＋2）论文简要手稿无偿捐赠给了中国革命博物馆

耗去了几麻袋草稿纸，伏在床板上用钢笔一笔一笔演算出来的。这项辉煌的研究成果，距离摘取这颗数论皇冠上的明珠 (1+1)，最后仅有一步之遥。

值得庆幸的是，就在研究结果发表不久，《科学通报》因"文革"运动而停刊了，景润舅舅赶上了最后一班车。

紧接着，景润舅舅又开始全身心地投入到证明的简化修改中。

"文革"浩劫

景润舅舅（1+2）的证明结果在《科学通报》公布的同时，中共中央政治局扩大会议在北京召开，会议通过了《中国共产党中央委员会通知》（即《五·一六通知》）。

1966年5月28日，以陈伯达为组长，康生为顾问，江青、张春桥为副组长的"文化大革命领导小组"正式成立。同年8月，中共八届十一中全会召开，通过了《关于无产阶级文化大革命的决定》（即《十六条》）。

《十六条》规定：这次运动的重点是整顿党内那些走资本主义道路的当权派，批判资产阶级的反动学术权威，批判资产阶级和一切剥削阶级的意识形态。"文化大革命"的浪潮，迅速席卷整个中国。

景润舅舅对政治运动一贯抱着坚决拥护、但不积极参与的态度。他所经历过的三反运动、思想改造运动、反胡风运动，以及来北京工作后的反右运动、拔白旗等运动还算比较温和，批判与被批判的，台上与台下的都是和和气气，根本没有发展到剑拔弩张的地步。因而，在他的心目中，所谓的政治运动不外乎就是开会发言和讨论。

"文革"运动一开始，他总是能躲就躲，能不发言就不发言。每逢开会讨论，他总是借故推脱，钻进图书馆看书或在宿舍里继续研究。他舍不得宝贵时间在无休止的会议中耗掉，听着别人讲着那些不着边际的话，对他来讲，简直就是一种折磨和煎熬。

多次的缺席终于被人发现，一些运动积极分子开始注意景润舅舅，并向他发难："陈景润，你总是不开会，到哪儿去了？"

"我，我在宿舍看书。"

"看书！现在都什么时候了，还看书！"积极分子粗暴地对他说。

"我，下一次一定到，一定。"一看这架势，他诚惶诚恐地应诺着。

从此，他成为大家高度注意的对象。每次开会前，有关人员就要专门提醒他会议的地点和时间。

即使去开会，他也是常常躲藏在不易被主持人发现的角落，拿着一本书偷着看，当被会议主持人发现并受到严肃的批评后，他就改为带张稿纸，在会上继续演算他的数学，或者干脆闭着眼睛在那里进行心算。

景润舅舅在数学领域作出了突出的贡献，但他却一直非常低调。他想，自己只是一个普普通通的人而已，与其对科研成果大肆宣传，不如继续在6平方米的小房间，实实在在地做一些演算工作。他总认为，政治运动和他没什么直接关系，自己少说话，也不会有什么把柄被别人捏着。

天真的他千方百计地躲避着政治风暴，但"摧枯拉朽"的政治风暴却没有放过他。

风暴吹到数学所，与世隔绝的数学界的宁静环境被彻底打破。

文革《十六条》

铺天盖地的大字报

科学家们的心却不约而同地碰撞在一起了。但跑下去的路也必定是崎岖的。景润舅舅一开始，就是在陡峭的几乎无路可走的山崖上攀爬的。他眼睛盯着脚尖，向着数学的顶峰攀登。是如何疲惫的身心之上，有人用冷漠和怀疑的眼神朝他心里投了一块阻止攀登的山岩。新的土地，崎岖蜿蜒的山路，都没有足够明晰和亮丽。困惑的人几乎就成了他？他成了孤独的攀爬者……

"文革"刚一开始就让人感到气势凶猛、排山倒海、浊浪滔天。华罗庚成为数学所最早受到冲击的对象。造反派高喊："彻底揭露那批反党、反社会主义的所谓'学术权威'的资产阶级反动立场"口号，将反动学术权威的帽子紧紧扣在华罗庚头上，铺天盖地的大字报将斗争的矛头直指华罗庚。

1966年8月20日，华罗庚被"揪"到数学所进行批斗。造反派事先组织将华罗庚原来的学生召集在一起，要他们作揭发华罗庚罪状的发言。这时有人找到景润舅舅说："你是修正主义的苗子，也是受害者，现在反戈一击还不晚，会上必须讲清楚，你怎样被引上白专道路的？"

他根本不去理会造反派的摆布，只是在开批斗大会的时候，躲在远远的地方听高音喇叭里喊出来的噪音。听到会场上有人在吼叫：陈景润在哪里？他干脆就偷着跑出会场，躲了起来。

在斗争白热化的那个阶段，他依旧牵挂恩师华罗庚的身体状况、冷暖安危。一次他见到华罗庚，发现身边没有其他人，走过去恭恭敬敬地向恩师鞠躬问好。望着瘦弱的学生，华罗庚深受感动并悄悄地嘱咐："什么时候，你都不要把研究丢掉，有病要及时去医院啊！"这时，听到后面有人走动的脚步声，他赶紧低头走开，当时他心跳得非常厉害，怕给恩师带来麻烦。那段时间，每当夜深人静的时候，他就躺在床上收听中央人民广播电台对外英语的新闻广播，一方面为了训练英语听力，另一方面也是想了解"文革"运动的开展情况。通过英语广播，他隐隐约约知道全国各地运动都发动起来了，他真不明白，中国到底是怎么了？

数学所随着运动的不断深入，批斗华罗庚也不断升级。数学所大院的高音喇叭，整天大喊大叫的完全是诬蔑丑化华罗庚的声音。什么反党、反社会主义的资产阶级反动大学阀，漏网大右派，幻想变天的老反革命分子等，喊叫声不绝于耳，其中的任何一条罪状，都足以置华罗庚于死地。他住的小房间离高音喇叭近，听到对华罗庚的那些不实之词和罪状，他气不打一处来，可是他又能够做什么呢？

一天，景润舅舅在图书馆听到高音喇叭传出一声尖厉的喊叫声："华罗庚鼓吹白专道路，把走白专道路的陈景润揪出来！让他揭发批判华罗庚！"

他听到后，紧张地哆嗦了一下，眼前发花，头脑眩晕。待到清醒过来后，他赶紧跑回小房间把门反锁，鞋也没脱就倒在床上了。

一会儿功夫，有人来砸小房间门。他们一边疯狂地砸屋门，一边大声吼着："陈景润！滚出来！你必须去揭发批判华罗庚！"躲在屋里的他浑身抖个不停，用坚硬的牙齿咬着手，硬是不让自己发出声音。幸好房间门还算结实，造反派又踢又踹，门还是完好无损。

有一位邻居实在看不下去，对砸门的造反派说："没看见陈景润进屋，可能又跑到别的地方看书去了。"于是，这些造反派只好悻悻地离开。

在那个人人自危的年代，能够这样站出来说话，需要足够的良心与勇气。事过很久，他依然能记住那位为他解难的好邻居。

造反派走了，小房间恢复了平静。他一直躺在床上整整一天不吃不喝，也不敢开灯。这是他唯一没有读书的一天，恐惧、愤怒使他停止了一切工作。

凌晨三点，天刚蒙蒙亮。他又渴又饿，实在忍不住了，战战兢兢地从床上爬起来，从暖壶里倒了碗水喝，接着又仔细寻找屋里可供吃喝的食物。幸好昨天早上买的两个窝窝头在饭盒里没有动，还有没喝完的两瓶牛奶和两壶开水，这些水和窝窝头还能维持他一天的简单生活。天亮了，他在小房间里轻轻地移动步子，不敢大气出声。偶尔听到走廊里有异样的脚步声，就飞快地躲到被窝里。

估计不会有什么动静后，他抖了抖落在衣衫上的窝窝头残渣，摊开了稿纸刚拿起笔开始演算，蓦然间，"把陈景润揪出来陪斗"的吼叫声似乎又在他耳边响起。他紧张地将眼睛闭上，头晕目眩，双耳嗡嗡作响，演算根本进行不下去。于是又躺到床上，用棉絮将自己紧紧地裹住。这一天，两个窝窝头、两瓶牛奶和水壶中仅剩下的一些水，最低限度地维持了他生命所需的能量。他不敢离开房间，只好将粪便撒在洗脸盆里。天渐渐黑了下来，他才偷偷走出小房间，蹑手蹑脚地到楼道茶炉房续打了两壶开水回到房间。这些在今天看来惊险又滑稽的过程，他从不会轻易地向人提起，如果不是李尚杰书记向我讲述，一定会像风中的落叶，消失得无影无踪。

不久，造反派们把斗争的目标转向夺取中科院的领导权，渐渐淡忘了要

揪出陈景润这件事情。他开始自作镇定、壮着胆子出现在食堂买饭的人群中，每天都是低着头，不看任何人，不和任何人接触。他愤愤不平地想，难道研究（1+2）错了吗？为什么自己每天都要偷偷摸摸像做贼一样的工作？难道"文革"运动就是不让人搞研究？

过了一段时间，他开始偷偷来到办公楼前看大字报，想从这些大字报中了解华罗庚老师的情况。铺天盖地的大字报上赫然写着："华罗庚的科研路线是资产阶级、脱离实际的科研路线，个人主义的成名成家的反动路线"；"华罗庚对科研人员实行考、提、调是支持走白专道路"；"把不为人民服务，走白专道路的修正主义苗子陈景润调到数学所是妄想复辟变天"；"从事哥德巴赫猜想研究，是搞伪科学"等等。这一派颠倒黑白的胡言乱语，让他感到天要塌下来，地要陷下去，使他万般惊恐。怎么办啊！看来，真的不能搞科研了。情急之下，他匆匆赶回小房间，将视为比生命还重要的（1+2）底稿包好，装在贴身衣服的口袋里。

随着文革的不断升级，数学所的运动此起彼伏，造反派们之间也在相互地争斗，他们已经无暇顾及修正主义苗子、反动学术权威的陈景润了。他想，反正自己不去贴大字报，谁要在大字报上骂他、写他，就让他们去骂、去写吧！在那个知识被无情践踏的年代，有人故意将唾沫吐在他脸上，有人故意将洗碗水泼到他身上，他都不吭声地躲开。他从没有开口骂过别人，虽然背负着"安于高楼深院，只会钻洋书，整天沉迷于成名成家"的恶名，他还是百般忍耐，努力地让自己的心情平静下来，让心中的委屈、愤怒，化成更大的动力向更高的险峰攀登，去摘取数学皇冠上的明珠。

1967年1月，造反派把科学院象征权力的大印夺了，更加激烈的暴风骤雨，即将来临。

1967年11月29日，在数学所召开"揭露控诉走资派勾结华罗庚统治数学所罪行大会"，除了数学所所有人员外，还有北大、科大、北师大等单位的人都前来参加。参加陪斗的是中科院原秘书长杜润生和数学所党的领导小组组长郑之辅。造反派把华罗庚、杜润生、郑之辅三个人推上台，组织煽动台下的群众提问和揭发批判。

"华罗庚，你在'广州会议'上放了什么毒？"

"你为什么要将举白旗的陈景润调到数学所来？"

面对各种质问，华罗庚一个接一个地回答着。这时，坐在台下的景润舅舅，早已惊恐得大汗淋漓、如坐针毡。

对华罗庚的迫害惊动了中央，在周恩来总理的亲自关怀下，华罗庚的工作关系直接转到了全国人民代表大会常务委员会。此后，群众再要批斗华罗庚就必须征得人大常委会的同意。华罗庚虽然受到保护，但他的学生并没有因此而解脱，景润舅舅面临的将是更大的恐惧和精神压力！

后来，在回忆那段日子时，华罗庚深有感触地说：在极"左"思潮的干扰破坏下，刚刚开始有了一些基础的研究工作就遭到了破坏，辛辛苦苦刚集合起来，准备向数学前沿冲锋的队伍被打散了。在数学研究所中搞数论研究的，只剩下陈景润一个人在那里顶着干，其他的人都转到其他领域改行了。在"理论联系实际"的口号下，理论实际被否定了，"文革"中被破坏的程度就更加严重，这是大家都知道的。我自己也是十几年不去图书馆了，不看文献了。我们和世界数学差距拉大了啊！不又停步不前了，而且还倒退了。我们好不容易积累的一点家底，都叫"四人帮"极"左"思潮搞得大伤元气。无法挽回的是时间，是年轻的一代啊！问题的关键是，白白地浪费了他们的青春。

忍辱负重不言弃

1968 年，为扭转混乱局面，制止武斗，中央向各地、各部门派出了工宣队、军宣队。

但是，工宣队和军宣队坚持的仍是极"左"的方针、政策。当"首都工人与中国人民解放军毛泽东思想宣传队"（工、军宣传队）进驻数学所之后，景润舅舅等一些科研人员，才被造反派从专政队放了出来。

和许多普通人一样，景润舅舅渴望的是有一个宁静的工作环境从事科研研究。但是在那个动乱的年代，这个最基本的要求几乎成为奢望。

从专政队释放出来的时候，他身体已是极度虚弱，走起路来晃晃悠悠，好像随时都有被风吹倒的危险。回到自己的小房间，当收拾起散落在地的零星手稿时，他的整个思维又开始活跃起来了。

工宣队并没有停止对景润舅舅的人身攻击。

1968 年 4 月底的一天，工宣队一伙人突然冲进他的小房间。不管青红皂白，揪住他的脖子就往墙上撞。"陈景润，不许你再偷偷摸摸搞科研，不许再偷听敌台。"这伙人歇斯底里地对景润舅舅吼着。说罢，便气势汹汹地扬长而去。望着他们的背影，他惊恐得半天说不出话来。

从此，他的科研工作被迫由公开转为地下。刚刚从专政队解放出来，那种向往美好理想的心理，又被蒙上了重重的阴影。

单位里一位年轻的研究实习员因病去世，在办公楼的一个大房间设了一个简单的灵堂，大家纷纷向死者默哀致意。他战战兢兢地走上前摘下帽子，准备向死者鞠躬，突然，背后一个人狠狠地将他拽了出去。

"呸！你别玷污了死者的灵魂。滚！滚 滚！"说罢，狠狠地将他推出房间。他跟跟跄跄地走出房间，心里受到极六的侮辱，强忍着悲愤回到自己的小房间。环境尔虞我诈，是非曲直难分，只有读书和研究是最好的回避。他更加与人疏远，不愿意和其他人交谈、交往。可是，当他远远避开人群后，又有人指责他故意逃避群众监督。

"我和他们近不得又远不得，如何是好呢？"他伤感地向知心领导李尚杰书记诉苦。

"你就做你的研究，不要管那些议论。"李尚杰书记安慰他。

"好的，好的，我听李书记的话。"他像个懂事的孩子连声应道。

从那以后，他开始了一种离群独居的生活，很少与人交往，在公共场合也不说话，甚至在路上碰到熟人，也不主动与人打招呼。偶尔有人向他问好，他会诚惶诚恐地站住，没完没了地道谢。封闭自我，这是他能采取的唯一的自我保护方法。

在别人看来，频繁的打击使他变得麻木，变得傻呆了。其实，他的心里非常清楚，他有自己的是非判断标准。

拳头没有打掉他心中的梦想，侮辱没有摧毁他坚定的信念，他从来就没有放弃向"哥德巴赫猜想"最高顶峰的冲刺，没有放弃摘取皇冠上的那颗明珠的雄心。造反派将他小房间的电线掐断了，他不声不响地买来了煤油灯；桌子、椅子被抄走了，残留的麻袋成了他的凳子，揭开被褥的床板成了他继续演算的工作台；稿纸用完了，他悄悄地将大字报的反面，作为演算的稿纸。他沉湎在斗室之中，与一张张饱蘸心血的稿纸相伴，把窗外的喧嚣和心头的不快抛到了九霄云外。

大小不一的纸张又重新在他的房间里堆积起来，他开始拼命了。

数论研究是挑战人类智力的极限，而"哥德巴赫猜想"是挑战数论领域

第二辑 孤独的追梦者

250 年智力极限的总和。他就像一个竞技场上的运动员，精神抖擞，充满自信。为了摘取数学皇冠上的明珠，就是付出自己的生命，他也在所不惜。

那段时间，他常常产生一种幻觉，觉得自己生命的火花经历了一系列打击之后，正逐渐黯淡下来。于是，他要争分夺秒把（1+2）的证明简化，给后人找到攀上这高峰最便捷的道路，竭尽全力把自己残存的生命，筑成一节节攀登的台阶，化成一页一页的数学符号。

简化（1+2）并非易事，除了刻苦的演算，还需要参阅大量的数据。在"读书无用，知识分子是臭老九"的恶劣环境下，他逆潮流而动，揣着万分之一的希望，悄悄地来到了数学所的图书馆。

图书馆的大门紧闭，门扇上面蒙着厚厚的尘土，门可罗雀。他试探地轻轻敲了一下大门。"吱呀"门开了一条小小的缝隙，老管理员隔着门缝惊喜地对他笑了笑。

"能让我进去吗？"景润舅舅忐忑地问。

"怎么不行呢？快进来吧！"说罢，老管理员将封闭的大门打开，热情地将他带到书库，找了一个隐蔽而舒适的座位，转身走出去为他望风。

庆幸的是，在横扫数学所封、资、修中，专政的扫帚还没有扫到这个角落。书库内大量的外文资料依然整整齐齐地摆放在书架上，景润舅舅像跋涉在沙漠的旅行者，突然见到远处出现一片盎然的绿洲，不顾一切地向它狂奔而去。

陈景润研读过的数学杂志（收藏于福州市博物馆）

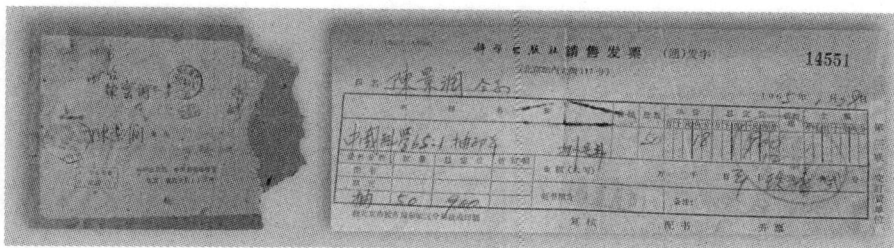

陈景润订阅的《中国科学》杂志挂号信及发票（收藏于福州市博物馆）

为了补回丢失的时间，他废寝忘食地投入到（1+2）证明的简化演算中。不久，由于过度疲劳，景润舅舅结核病、腹膜炎等多种疾病复发，而且一天比一天加重。他又开始经受着病痛的折磨，每天几乎都发低烧、盗汗。

进入20世纪70年代，国家接二连三地发生了许多大事。

1971年9月13日，林彪因叛逃摔死在蒙古温都尔汗；

1971年10月，第26届联合国大会，以压倒多数通过恢复中国在联合国合法席位的决议；

1972年2月，美国总统尼克松访华；

同年9月，日本总理大臣田中角荣访华。

对于祖国的进步、国际地位提高，景润舅舅感到由衷的欣慰与自豪。他又开始夜以继日地亡命工作。这时候，与他的数论研究齐头并进的是日益严重的腹膜结核症。腹部的疼痛，常常迫使他停下手中的工作。常常因剧痛，脸色苍白、浑身浮肿，铅笔在他颤抖的手中滑落，腋窝处的棉袄已经被反复冒出的汗水浸黄了。

他默默地承受着病痛的折磨，没有告诉其他人，以顽强的毅力和精神，坚持着演算。"景润，你停一停，休息一下吧。"同事们见他这样子都关心地对他说。

"谢谢你们！我停不下来啊！"他木讷地笑着说。

1972年5月，中共中央决定召开了"文革"以来第一次全国科学技术工作会议。8月10日，来自中国科学院，各省、市、自治区，国务院各部、委科技管理机构的代表249人，集聚在北京商讨发展科技工作之大计。

这次会议集中讨论的一个重要议题，就是究竟应该怎样评价"文革"前

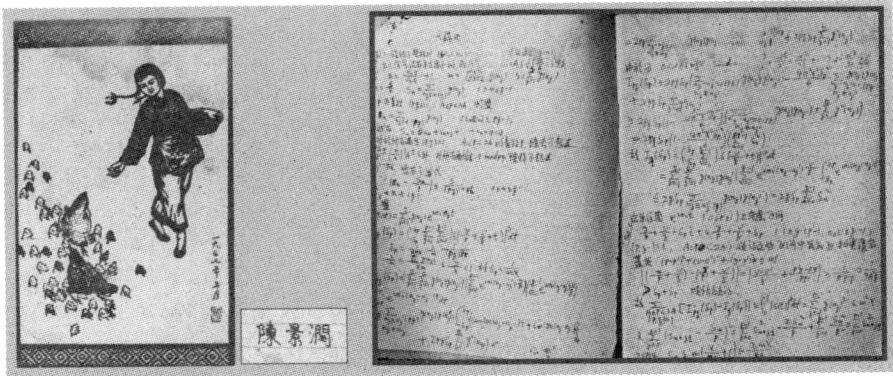

陈景润的笔记本及手稿（收藏于福州市博物馆）

17 年的科技工作。会上，许多代表以自己所在单位、地区的大量事实，说明了在正确路线指引下，17 年来科学技术发展成果是有目共睹的。尽管遭受了错误路线的干扰和冲击，但功大于过，成就不容抹杀。

1973 年 1 月 10 日，《全国科学技术工作会议纪要（草案）》经国务院批准，向全国各省、市、自治区革命委员会及国务院有关部门传达。可是好景不长，《纪要》还没有来得及贯彻执行，全国又掀起了批林批孔运动。

在中国科学院内，有人以全国科学技术工作会议为把柄，掀起了一股批判"复旧回潮"的恶浪。许多参加会议的代表为此受到了冲击和迫害，刚刚复苏的科学技术工作又一次遭受摧残，中国科学的发展与继承再次被延缓。

景润舅舅这次反而不悲观了，他好像从中悟出一些的道理，预感到科学已露出了曙光，严寒即将过去，科技的春天很快就要到了。

他加快速度对（1+2）进行简化研究。

经过"文革"浩劫，数论研究的高原上已成了一片荒野，杂草丛生，花朵枯萎。原有攀登的脚印被重新长出的苔藓覆盖，他成为更加名副其实的孤独攀登者。他不断地摸索和寻找自己旧日的脚印，凭着记忆把被毁坏的层层台阶修复。与此同时，他又在寻找着通向山峰可能出现的另外一条便捷的途径。他曾经形象地比喻这一阶段的工作："譬如，从北京城里到颐和园，可以有许多条路，要选择一条最准确无错误，最短最好的道路。我那个长篇论文是没有错的，但走了远路，绕了点弯。"

陈景润签名的演算手稿（收藏与福州市博物馆）

简化证明是一项十分浩大的过程，在攀登的路上，他形只影单，喘息声愈来愈重。他没日没夜把弯曲的路径改直，用苍白无力的手指把路边的杂草连根拔起。

"我知道自己的病情非常严重，细菌吞噬肺脏内脏，心力到了衰竭的边沿，可是我的脑细胞还是非常健全和活跃。而且简化论证工作比我的生命还要紧，我不能停止下来啊！"与周围的人谈起自己的情况，景润舅舅心如明镜，言辞十分恳切。

他这种顽强的精神，也引来人们许多的劝说和非议。

"别再费心费神了吧！就算你攻克了它，换来的只不过是更大一顶'白专'帽子，还是将自己的身体养养吧！"一些好心人善意的提醒他。

"听说了吗，有人在钻研世界级数学难题呢，都什么年代了，他图什么呀？"一些好事者叽叽喳喳地议论着。

世界之大，无奇不有。景润舅舅的钻研精神，激怒了曾经批判过他的人。他们说"哥德巴赫猜想"是伪科学，研究它、琢磨它根本是没有实际意义和应用价值的东西。陈景润是修正主义苗子，是封、资、修的忠实信徒，应当彻底清除、坚决打倒。对这些议论，他毫不理会，坚持走自己的路。

徐迟老先生在《哥德巴赫猜想》中说过："理解一个人本来就不容易，理解一个数学家就更难了。"

多年之后，对于陈景润的钻研和刻苦精神，有人援引了一个例子表达了

深切的认同和理解：古希腊一位天文学家专注于仰头看星空，不小心掉进坑里。他的一位随从讥笑道，有些人只顾看天，却忽略了身边的东西。黑格尔对这一典故有个很好的诠释，他说这个随从虽然不会掉进坑里，但也永远不会发现宇宙的奥秘。这是多么贴切生动的一个事例啊！温家宝总理正是由此受到了启发，在《人民日报》上发表了诗作《望星空》。这首诗告诉人们一个道理：因为有了那些关注天空的人，这个民族才有无限的希望，如果只是关心自己的脚下，这个民族绝不会有光明的未来。换言之，没有忘我的境界，就没有科学，就没有陈景润的（1+2）。

因为身体问题，也为了避免和人交流浪费时间，景润舅舅向单位递交很多病假条。久而久之，这些都成为扣发工资的凭据。有人还借查使用电炉为由，三天两头闯进他的小房间骚扰。在恶意的诽谤和打击中，他仍以常人不可想象的毅力，奋力向目标攀登。小房间内的稿纸越堆越高，演算的证明结果愈来愈薄。当证明结论的论文只剩下十几页的时候，他终于找到了通向山峰的快捷方式。这时候的他仍旧小心翼翼，不敢向世人公布，只能在无人光顾的小房间内，陶醉于自己的成果。

（1+2）证明的简化，距离他第一次在《科学通报》上公布证明结果，已经过去了整整7年。可叹的是，他只用了3年时间把世界著名的"哥德巴赫猜想"推进到（1+2），而简化它，却用了他生命中的1/9的时间。对于一个享年只有63岁的科学家来说，这段时间实在是太长了啊！

与他同时进军"哥德巴赫猜想"的潘承洞教授，对他在"文革"期间的工作是这样评价的："我至今仍无法想象陈景润在风刀霜剑相逼，人人自危，朝不保夕的日子里，如何能够以惊人的勇气、毅力和机智巧妙的方式，不顾后果地把全身心倾注在自己的'初生婴儿'，并用汗水、泪水、血水浇灌培育它成长。"

在景润舅舅去世不久的1996年，"哥德巴赫猜想"的发源地，德国的一位资深数论专家Volke教授访问了中国。在中科院数学所，他把254年前哥德巴赫致欧拉的那封信的复印件和英译文镶在镜框里，系上红色的绸带，作为礼物送给了数学所。他动情地说："如果哥德巴赫在世，他一定会访问中国，访问北京，专程来看望陈景润先生。"

我辈仍是蓬蒿人

　　1973年4月，《中国科学》杂志顶着压力，发表了景润舅舅《大偶数表为一个素数及一个不超过两个素数的乘积之和》的论文，即简化后的（1+2）证明。

　　紧接着，中国科学院《科学工作简报》第七期发表了题为《数学基础理论研究的一项成就》，文章全面介绍了陈景润这项研究成果。

　　《科学工作简报》被中央一位领导同志看到了，他立即要求中科院，对陈景润的论文写一份详细报告。

　　报告是这样写的："……陈景润证明了（1+2）的消息震撼了中国数学界，也震撼了国际数学界。在此之前，数论专家们普遍认为，要想沿用已有的方法（包括筛法）来证明（1+2）是不可能的。而陈景润居然对筛法'敲骨吸髓'加以改进，创造出了加权筛法，使筛法的效力发挥得淋漓尽致。"

　　这份报告，一同报送毛主席和周总理。

　　有外国数学家写信给景润舅舅："你移动了群山！"

　　有数论专家惊叹："陈氏定理是筛法的光辉顶点！"

　　新华社一位女记者顾迈南，听中科院院长武衡同志说有一位青年研究人员取得一项世界水平的科研成果，立即约上摄影记者钟巨治一起来到中科院准备采访陈景润。

　　听说是来采访陈景润，中科院内引起不小的震动，

许多人在私底下议论开了。

"啊！这可是个怪人啊！除了搞数学，什么也不知道，什么也不关心，是有名的'白专典型'。虽然他在科研上成就很突出，但政治上不可靠，是个有争议的人物。"这种议论，在中科院广为流传。

"既然是'白专典型'，陈景润有没有反党反社会主义的言论？"女记者顾迈南听到这些议论，在采访时忧心忡忡地询问。

"好像没有什么反动言行，只是不太关心政治。"被采访的同志向记者说了一件事。

那是中美建交后的一天，陈景润所在的五学科召开讨论会，事前打招呼要求每个人都必须发言。他没有任何准备，轮到他发言时，突然批判起美帝国主义，说美帝国主义狼子野心不死等。这时，身边的一位同事悄悄拉了拉他的衣角，凑在他耳边说："中国跟美国都建交了，毛主席还接见了美国总统尼克松了呢！"倏地，他像被电击一般地呆住了，连声不迭地说："啊！真有这样的事？真有这样的事吗？"

记者们听后，忍不住地都大笑起来。

顾迈南与钟巨治两位记者又找到数学所业务处处长罗声雄，向他详细了解（1+2）这项成果的重大意义，同时也进一步求证陈景润是否有反动言行等情况。

采访快结束时，罗声雄处长向两位记者介绍了陈景润的身体情况。

"陈景润病得很重啊！中关村医院的医生多次告诉我们，千万不要让他一个人在房间里，如果突然发病，死了都没有人知道。"罗声雄处长忧心忡忡地对记者说。

通过几天的采访，两位记者一致认为，陈景润一系列的研究成果铁板钉钉、无可争辩，但至于是不是"白专"的典型，确实值得商榷。虽然，陈景润做出了领先世界水平的研究成果，为国家争了光，但他对政治不关心，不参加政治活动，"红专"、"白专"说不清。在一切工作都以政治领先、政治挂帅的年代里，这种疑虑完全是可以理解的。最后，记者决定将了解到的情况，实事求是地写成内参，向中央高层汇报。

当天晚上，记者分别赶写出两篇内参：一篇是《青年数学家陈景润取得一项具有世界领先水平的科研成果》；一篇是《关于陈景润的一些情况》。在这篇"情况"里，如实反映了陈景润的处境和身体情况，并提到陈景润病情危险，急需抢救。内参中还引用了一段被采访者说的话："如何对待陈景润这样的知识分子？如何对待陈景润所从事的这种纯理论性的科研工作？中央高层领导必须尽快表个态。"

这两篇内参受到了中央的高度重视。

江青在内参上写道："主席，此事还是请你过问一下为好，至少要先把他的病治好。"

毛泽东主席看了后画了一个圈，并批示："要抢救！请文元同志办。"

1973 年 4 月 26 日深夜，中科院院长武衡同志突然接到一位中央领导的电话。电话中，传达了毛主席的指示，要求中科院刻不容缓地安排"抢救"陈景润，并告知武衡同志，已经组织了医疗方面的专家等候在清华大学，请组织人员立即将陈景润送到清华大学。

凌晨 2 点，几辆小轿车悄悄停在中科院 88 号楼前。车上急匆匆走下一群人，走在前面的是武衡同志，另一位是数学所负责人赵蔚山同志。他们径直走上三楼，叩响了景润舅舅住的小房间的门。

这时，景润舅舅仍在灯下工作，听见叩门声，他心里一阵紧张。自从论文发表后，他就一直提心吊胆着。他连忙将数学书和稿纸藏起来，诚惶诚恐地将门开了一条缝隙。见门外站着许多人，他神情紧张地带着颤音连连说：

1966 年，《科学通报》发表了陈景润 (1+2) 的证明结果

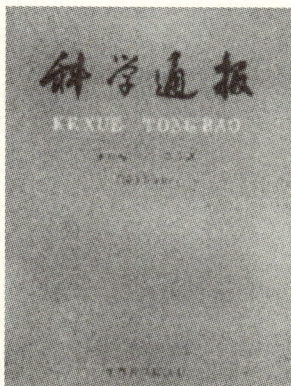

1973 年，《中国科学》发表了陈景润 (1+2) 的简化论文

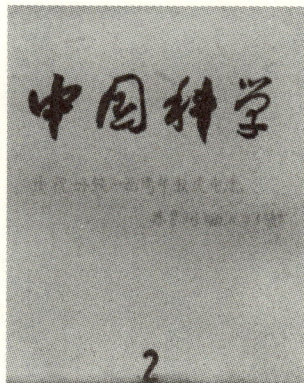

第二辑 孤独的追梦者

"啊！你们来干什么？我，我没做什么，只是在听英语广播，在听新闻……"

武衡同志轻轻地将门推开走进来，微笑着对他说："别怕！我们是带你去检查身体的。"

"啊！带我去检查身体？"他惊讶地张大了嘴。这么多年来，受歧视、受排挤、受打击、含羞忍辱已经成了家常便饭，有谁会这样地关心他？有谁会主动地带着他去看病？

他怀疑自己的耳朵听错了，警惕地打量着这些深更半夜的来客，心里充满了不安和疑虑。

不管他愿意不愿意，大家连忙将衣服给他披上，拥着他走出小房间，并送上小轿车。

小轿车在寂静无人的街上急驶，不一会就拐进了清华大学校园。他们将他带到一间灯火通明的房间。

望着房间几位陌生人，他惊恐万分说不出话来。

这时，房间正中沙发上一位中年男子站起来。他热情地握住景润舅舅的手说："陈景润同志，我是毛主席派来看望你的，听说你病得很重啊！"

"啊！首长。谢谢，谢谢，我还好，还好……"

虽然，景润舅舅很少参加政治活动，但每天晚上都听中央电台的对外广播。他知道面前这位首长的分量，他不仅是中央"文革"领导小组的主要成员，还是分管我国教育科技的领导。

接着，这位首长神情严肃地向景润舅舅传达了毛主席和江青的指示。他做梦也没想到毛主席竟会知道自己有病，还亲自派人来关心、过问他的病情。

"毛主席万岁！毛主席万岁！！感谢伟大领袖毛主席……"他激动得连嘴唇都哆嗦了，一遍又一遍地对首长说。

连夜，医学专家对景润舅舅进行了全面的会诊。会诊结果表明，他身染严重的肺结核和腹膜结核病，必须立即住院治疗。

会诊后，天已大亮，武衡同志亲自将景润舅舅送回88号楼的小房间。

他被神秘带走的消息不胫而走，88号楼的住户不知缘故都在猜测说："昨天半夜，陈景润偷听敌台被公安机关带走了！"

追忆舅舅 陈景润

076

看到他由中科院领导亲自护送回来，宿舍楼的人们惊讶的目瞪口呆。

护送的同志离开后，景润舅舅忧心忡忡，径直到李尚杰书记家。见他愁眉苦脸的样子，李书记迫不及待地问他发生了什么事。

"他们要我去住院，我不去。不知道还会不会发生运动，我还能不能回来？"

"你病得不轻啊！应该入院治疗。你经常发低烧，长期拖下去是不行的，不管怎样，先将病治好了再说。"当李尚杰书记知道事情的来龙去脉后，连忙耐心地劝导他。

毛主席派人来看望陈景润，派人带他去看病的消息，在中科院内很快地就传开了，人们奔走相告、激动万分。特别是一些仍被管制的科研人员更是激动万分。他们想，连陈景润这样的"白专典型"都得到中央的高度重视，他们很快也会获得新生，天真的要亮了。

可是，也有人对此冷眼旁观，恶言相向。

"陈景润是'白专典型'，这种人不值得提倡，中央领导指示要给这样的'白专典型'治病，是因为有些人没有如实向中央反映情况。"一些心怀叵测的人，在私底下煽风点火、造谣生事，甚至还组织部分党员给中央写信，指责有人美化陈景润，谎报情况，欺骗中央，欺骗毛主席。甚至说，他的研究成果没有任何价值，没有任何的意义。

这些议论，自然也都传到景润舅舅的耳朵，他根本不予理睬。这些年来，他都是在含羞忍辱的状态和环境中进行数学研究，对这些议论早已感到麻木了。

当天下午，李尚杰书记接到"马上送陈景润去309医院住院"的通知，急匆匆赶到景润舅舅的小房间，通知他赶紧收拾东西，6点钟前将派车直接送他去医院。

傍晚6点钟，接景润舅舅的小车准时来到楼下，可是不见他在房间，四处寻找也没着落，大家都着急坏了。这时，中央办公厅来电话，询问陈景润是否到了医院。李尚杰书记急得像热锅上的蚂蚁，只好下令发动数学所五学科的同志都出动寻找。

人们在中科院的各条道路上呼唤着陈景润的名字，他有生以来第一次被这么多人关注着。

所有可能去的地方都找遍了，就是没见到景润舅舅。数学所一位老同志骑自行车回家，竟然在大钟寺铁路立交桥下偶然看到陈景润。夜幕中，只见他穿着那件半长不短、褪了色的蓝色棉大衣，头戴着棉帽，帽沿耷拉在耳朵旁，双手插在大衣口袋里，哆哆嗦嗦地在桥下蹀来蹀去。

"啊！景润。大家都在四处找你呢！你怎么跑到这里来了？快回去吧！李书记都急死了呀！"这位老同志大声喊着。

听见喊声，他转身就往与数学所相反的方向走。

老同志急坏了，连忙将他紧紧地拉住。

"我不回去！我不回去！"他挣扎着说。

情急之下，老同志紧紧拉住他，在路边的公用电话亭给所里打了个电话。等老同志打完电话，回头发现他竟然蹲在地上，泪流满面。

"1963年困难的时候，我将自己省下的粮票捐给国家，运动一来，说我腐蚀拉拢工人阶级；1966年、1967年，我哪一派都不参加，连话都不敢说，结果还是被抓进了专政队。住院要花好多钱，将来运动来了，我会怎么样呢？"他一边抽泣一边说出了心里话。

老同志这才弄明白，他躲着不愿去住院，是怕今后来了运动会继续挨整。

一会儿功夫，数学所小车赶来了。大家好说歹说把他劝上了车。

天已经完全黑下来，小车载着他沿着绿荫如盖的公路，向位于黑山扈的解放军309医院飞奔。

一路上，他蜷缩在棉大衣里不停地抽泣。

命运突如其来的变化，给他带来不是激动和喜悦，反而是极度的恐惧和不安。他不知道这会儿将他推上峰巅，什么时候又会将他抛进谷底。虽然他置身于数学世界的世外桃源里，却目睹了每一次政治运动的潮起潮落、各类人物命运的大起大落，心中笼罩着一团巨大的阴影，存留下泣血的记忆：一代宗师熊庆来先生在运动中跳楼惨死；华罗庚先生当年风光无限，结果也遭受残酷的迫害。

就说他自己吧，20 世纪 60 年代初，刚在数论研究领域崭露头角，就被院里树为"安、钻、迷"典型。"文革"中，"安、钻、迷"成了他罪不可恕的罪状。他在令人眼花缭乱的数字世界里游刃有余，却不能理解这个性格乖戾、黑白颠倒的环境。他害怕命运的大起大落，别无所求，只求一份能不受打扰、畅游数学世界的安宁。

到了医院，他仍不肯住下来。站在病房，他嘴里一直嘟囔着："我不住院，要住院就去中关村医院，不住这里。"

护送他去的人急了，让他住这家医院可是中央领导定的，这哪能轻易改变呢？在大家苦苦相劝下，他终于勉强服从。当护士拿来一套干净的病号服，让他将身上的旧棉大衣换下来时，他神情紧张，怎么也不肯。

"这哪成呢？你这衣服太脏了呀！"护士为难地说。

他紧紧捂着自己的棉大衣不松手。

"是棉大衣里有什么东西吗？"李尚杰书记对他是最了解不过的了，笑容可掬地问他。

"没，没别的，里面有点钱。"他耷拉着脑袋吞吞吐吐地对李尚杰书记说。

频繁的政治运动，使他一直感到没有安全感，随时都做好了被扫地出门的准备，天冷时他将钱悄悄地缝在棉大衣内以防不测。他想，如果万一被开除了公职，有这些存款，还能将研究坚持下去。

李尚杰书记请医院拿来一个保险柜，亲自将他棉大衣内的钱放到保险柜内。

根据景润舅舅的病情，医院准备给他进行特殊护理。听说特护是按小时计算工资，他坚决不要。

"我的事自己能做，不要特护，不然以后批斗的时候，罪名就会都扣到我头上。"他心事重重地对李尚杰书记说。

"这些问题你就不要担心了，这是中央领导定的。"李尚杰书记只好以中央领导的意见来说服他。

在医院住了没几天，他就吵着要出院。一方面是因为医生护士不让他看书；另一方面是住在医院，他总感到心里不踏实，担心被人误以为小病大养，

运动来了又要挨批斗。李尚杰书记又一次说服了他。

住了一段时间，病情稍稍稳定下来后，他又嚷嚷地要出院。"如果你们再不让我出院，我就自己跑出医院。雷锋不就是自己跑出医院的吗，我要向雷锋同志学习。"他对医生护士说。

"木讷"的舅舅有先见之明，正像他猜测的那样，一门心思钻研数学的他，居然会被卷进政治旋涡，成为一些居心叵测的人利用的政治筹码。

1973 年底的一天，那位亲自带着他去医院检查身体的首长，突然造访景润舅舅小房间。在一番"亲切慰问"后，他提出让景润舅舅写一篇揭发华罗庚剽窃他成果的文章。

事情的原委是这样的，华罗庚在中文修订版《堆垒素数论》中，曾经引用了陈景润"他利问题"的研究成果。在该书"前言"中，华罗庚对此事进行了充分的说明，并向陈景润等有关研究人员表示谢意。殊不料，一些别有用心的人，却想借此作为攻击华罗庚的炮弹。

对此，景润舅舅提出了自己的看法。

"这件事情是很正常的啊！科学研究的成果就是可以用来相互论证的嘛！"他直截了当地提出自己的观点。

在当年那种政治气氛下，有些心术不正的学生揭发老师，老师批判学生的情况屡见不鲜。景润舅舅对于这些劣行嗤之以鼻，不管形势如何变化，他仍然坚守着做人的道德底线不动摇。

在1973 年4 月20 日，中科院根据中央有关领导的要求，将景润舅舅（1+2）论文放大并附上详细的情况报告呈送中央。在这份报告上，江青批示"谁反对陈景润，谁就是汉奸"，居心险恶地将景润舅舅，推上了政治的风口浪尖。

"四人帮"横行的年代，景润舅舅的处境变得非常微妙起来。

"中科院必须立即解决陈景润的住房，尽快让他搬出那间 6 平方米的锅炉房。"一位中央领导给中科院的批示措辞严厉。

数学所马上腾出了一间 16 平方米的房子，同时提出房间必须按 4 个床铺收房租，一个床铺 8 角钱，每个月必须交纳 3.2 元房租。

景润舅舅知道这件事后，表示坚决不搬。他并非舍不得花钱，而是割舍不下对小房间深深的眷恋。这小房间是他攀登数学高峰的起点，放松疲惫身心的驿站，释放过他的激情，寄托着他的希望。他可以避开外界的喧哗，躲进小屋成一统，不管春夏和秋冬。

就这样，不知不觉拖了一年多的时间。这一年，他焦虑、郁闷，常常不知所措。

1975 年春天，主持国务院日常工作的邓小平，提出"安定团结"和"整顿工作"的治国方针。7 月初，胡耀邦受命到中科院主持整顿工作。他的到来，给被称为"重灾区"的科学院带来了新的生机。

一天下午，胡耀邦来到 88 号楼。他穿过挤满各种杂物的昏暗过道，敲开了景润舅舅蜗居的小房间。小房间门一打开，一股混杂着油烟和过道上公共卫生间内的尿骚味，从敞开的门外扑了进来。与这些难闻气味一起涌进来的还有小孩的哭叫声、大人的呵斥声、锅碗瓢盆的碰撞声。

眼前的一切，让胡耀邦皱紧了眉头。

回到院办公楼，他严肃地问有关领导："为什么还让陈景润住在那样的环境里？为什么不给他换间房子？"

"本来已经给他换了一间 16 平方米的房子，可是他不愿搬。"数学所领导支支吾吾地说。

"为什么？"胡耀邦问。

"他不愿多交房租。"

"要交多少？"

"按 4 个床铺收，一个月得交 3.2 元。"

"你们怎么如此斤斤计较，这么小气？不要他的钱不可以吗？要正确对待知识分子啊！他们可是国家的宝贵财富！"

胡耀邦怒气冲冲。说罢，扭头就走了。

经历了 10 年"文革"动乱的中科院，仍被极"左"思潮笼罩。

在科学院干部会议上，胡耀邦曾语重心长地给大家讲过一个意味深长的故事：古代的巴比伦人想去探求天上的秘密，他们决心建造一座通天塔。但很快这件事被上帝知道了，上帝为之大怒，便搅乱了他们的文字和语言，挑

圆梦

追忆舅舅

陈景润

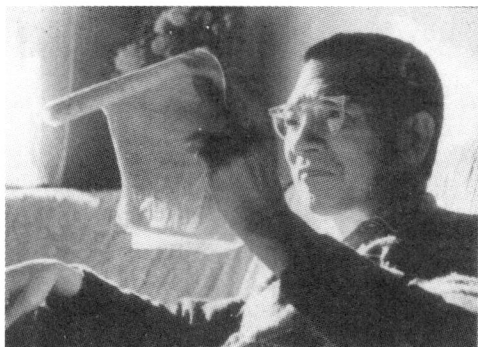

陈景润不同时期的工作照

起各种各样的矛盾，令这些梦想上天的人内部不和，在如何建造通天塔的问题上争吵不休。结果，修通天塔的事就成了泡影。

他讲这个故事的目的不言而喻——那个愚弄巴比伦人的上帝仍然存在着。

1975年，邓小平一度主持中央日常工作期间，力排众议、重塑科技人员社会地位和形象。这位伟人以犀利深邃的目光，向处于逆境之中的陈景润投去深情的一瞥。面对着恶毒攻击陈景润等科学家"走白专道路"的一派胡言，邓小平拍案而起，大声斥责。

当邓小平了解到景润舅舅顽强拼搏的传奇式经历和出类拔萃的业绩后，十分感慨地说：像陈景润这样"世界上公认有水平的"科学家，"中国有一千个就了不得"。

那一年，胡耀邦在向邓小平汇报科学院工作时，一针见血地说，至今还有人认为陈景润是白专典型。

"什么白专典型，总比占着茅坑不拉屎的人强吧！"邓小平听了，反唇相讥。

"对陈景润应爱护、赞扬。"望着在场的与会领导，邓小平深有感触地说。

自从胡耀邦去小房间看景润舅舅后，中科院多次敦促数学所尽快帮助景润舅舅解决住房，动员他赶快搬家。

一天，踏着秋风飘落的枯叶，李尚杰书记带着几个人前来帮助搬家。景润舅舅哭丧着脸，一个人坐在小房间的床上。

"我不搬，我就住在这里。要搬，我就跑走！"见李尚杰书记来了，他固执地对前来的人说。

"上级领导要你搬家，是对你的关心和爱护，是为了改善你的工作和生活环境啊。你先搬过去，有什么不习惯的以后再说吧！"李尚杰书记耐心地劝他。

"我不搬，我就是不搬。"他依然我行我素。

李尚杰书记见这样劝说不行，准备回去清示领导。临走时，他反复叮嘱："景润啊！无论怎样，你不能跑走。"回到所里，所领导一致认为还是要搬。

李尚杰书记反复交代，搬的过程要细心，不要把他的文稿、书籍弄乱了弄丢了。

当大家再次走进小房间时，他见大家抬起床就要走，连忙扑了上去，用胳膊紧紧抱住床头。"我不搬家，我不搬家……"他大声地哭喊着，泪水顺着他瘦削苍白的脸颊滚流下来。

在场的人中，有人指着他的鼻子数落说："领导这么关心你，给你大房子，你不去住，真是狗坐轿子，不识抬举。"

劝说也好，数落也好，他就是抱住床头不松手。

见景润舅舅抱住床头就是不松手，李尚杰书记知道今天这家是又搬不成了，只好叹了一口气劝大家回去。李尚杰书记不明白，在搬家这问题上，他为什么会如此固执？

当天晚上，景润舅舅来到了李尚杰书记家。

没等他开口，李尚杰书记就生气地说："让你搬家，为什么不搬，这不是让大家为难吗？"

"谢谢李书记，谢谢李书记。我不是不相信胡耀邦同志，我，我害怕啊！今天他在台上，谁知明天又会是怎样？今天给我分大房间，明天可能又要收回去。"

他的疑虑是有根据的，因为他清清楚楚地知道，老专家吴文俊、熊庆来、张宗燧都是从大房子里被赶出来的，他们被赶出大房子，总算还有小房子可住。如果自己今天搬进了大房间，明天再给赶出来，就连这 6 平方米的小房间也没有了啊！连个窝都没有，怎样搞研究、搞演算呢？

想到这些，景润舅舅直言不讳地对李尚杰书记说了心里话：

"李书记，不要说上边的领导，就是你也不知道自己今后还会不会留在我们五学科当书记？"他真害怕在某一天，敬重的李尚杰书记突然调走。

"我不会走的，请你放心！"李尚杰书记安慰他说。眼角不禁泛出泪花。

对景润舅舅坚持不肯搬家，我当时也百思不得其解。听李尚杰书记说，组织上曾经准备给舅舅调整一个大房间，他对组织说："等大家住房都宽裕了，我再搬。"我感到纳闷，为了解开心中的疑团，我当面盘问："舅舅，

084

当时给你大房间不搬，就是考虑大家都住上宽敞房子后再搬吗？你的思想境界非常高啊！"

"我怎么不想住大房间呢？你看现在房间这么小，上厕所都要绕过屋外各家各户的煤炉，如果钥匙忘记带门突然被关上，我还进不去呢！现在运动多，变量也多，这个小房间，不会有人要的。不管政治形势如何变化，住在这比较安稳。"说罢，他像小孩一样得意地笑了起来。

1976年元旦后的一个凌晨，景润舅舅又准时打开收音机收听外语广播。一个浑厚的男中音正在播送《人民日报》的元旦社论，听着听着，他惊愕地张大了嘴巴。

社论说："……最近，教育战线那种刮右倾翻案风的奇谈怪论，就是代表资产阶级反对无产阶级的修正主义路线的突出表现。这再一次证明，社会主义社会的阶级斗争是长期的、曲折的、有时是很激烈的……"

元旦过后，"四人帮"发动了"反击右倾翻案风"运动。邓小平又一次被革职下台，在中科院工作的胡耀邦也受到冲击。当初给景润舅舅戴上白专帽子的那些人，又开始趾高气扬起来。科学院的所有墙上刷满了批邓、反击右倾翻案风的大字报。

国家的政治形势急转而下，变幻莫测。这种变化果然被经历过运动磨难的景润舅舅所言中。他暗暗庆幸自己的谨慎，如果当初搬了家，没准儿这次又会被扫地出门啊！

他不知道反击右倾翻案风为何物，也没兴趣去弄懂它。但是他坚守着一个原则：没见过的事不乱讲，没根据的事不乱猜，任何场合都少讲话，实在要讲，那就讲真话。

这年临近春节，景润舅舅突然到北京钢铁学院看望我。

那时候我刚到北京才三个多月，虽然马上就要过春节了，思前想后决定留在北京过年。第一次离开家人独自一人在外过年，心中总有一些惆怅。周总理刚去世不久，在悼念活动中发生了许多事情，许多人心情都不好。学校和北京的所有高校一样热火朝天地开展批林批孔、反击右倾翻案风和有关"红专、白专"的大讨论。校园到处贴满大字报、大标语。

春节前三天的上午，天气特别冷，屋外下着蒙蒙细雨，雨中飘荡着零星雪花，树枝、屋顶残留着和雪，校园小道飞溅着泥浆。

同学们没有外出，大家聚集在宿舍看书、聊天。

大约在 10 点左右，班上一位同学急匆匆地到我的房间对我说："宋力，有个客人来看你，正在我们房间。"说罢，拉着我就往他的房间走。

这时候有谁会到学校来看我呢？我如坠云雾。

"这人打扮得很怪，神色慌张，只说要找你，别的什么也没有说。"这位同学疑惑地向我诉说。

跨进同学的房间，我一下愣住了。

"啊！舅舅。"

看我进了房间，他焦虑等待的心情放松了许多，脸上露出淡淡的微笑。

他身穿一套半新的蓝色棉衣裤，不合身的宽大棉衣穿在身上空空荡荡的，刚修剪的小平头戴着一顶旧的蓝色棉帽，其中一边还半耷拉在耳边，腋下夹着一把不能完全合拢的油布雨伞，右手拿着一本厚厚的《毛泽东选集》，脚上穿着一双沾满泥浆的黑色布棉鞋，苍白疲倦的脸上戴着一副白框眼镜，厚厚镜片里一双眼睛流露出惊恐、疑虑的神情。

他心事重重地看着我，不等我开口，就提出要去我的房间。接着，没有与同屋的同学打招呼，独自转身走出房间。我紧随其后。

房间所有同学百思不解，莫名其妙地望着我和他离开。

在走廊上，他用福州话紧张地对我说："你不要告诉同学我是谁！"

不谙世事的我很少说假话，到了我的房间，我尴尬地向同学介绍说："这是我一位北京的亲戚。"

他面无表情地和同学们点点头，直接坐到我的床上。

望着在场的一群人，他欲言又止，同学们知趣地纷纷走出房间。

见大家离开后，他悄悄地问我："学校有没有搞运动？"

"有。"我点了点头。

"江青说我是红专典型，邓小平也说我是红专典型。他们现在批邓小平，又树我为白专典型。"他心事重重，语气低沉地望着我说。

陈景润

追忆舅舅

086

我愤愤不平地说："江青插手太多了，舅舅你搞你的研究，那些事你也顾不过来。"我劝慰着他。

他眉头紧锁，目不转睛地看着我，久久没有说话。其实谁好谁坏、孰是孰非，他心里有谱。

坐了一会儿，他说："今年春节你没有回家过年，今天我们一块儿到外面吃个饭，好吗？"

我心里非常清楚，这阶段他的处境非常艰难，但他仍没有忘记亲情。蓦地，我眼眶湿润了。

"好！就到学校门口的四道口饭店。"我强忍泪水不让它流出，笑着对他说。

"现在就去，下午我还要赶到所里。"说罢，他站了起来就向门外走去。

离开了宿舍，他不敢在行人多的路上走，让我带他走僻静的泥泞小道。

路过图书馆门口，看到路两旁的大字报和标语，他迅速地用余光扫过那些大字报，几次想停下来，但终究还是没停，他怕被人发现啊！

望着他这复杂矛盾的心理，惊恐、忧虑的表情，我不禁悲从中来。

到了饭馆，我们找了一个僻静的桌子坐了下来。他也没有问我喜欢什么就点三个菜、一个汤：西红柿炒蛋，回锅肉，蚂蚁上树（肉末炒粉丝），肥肉白菜汤。饭菜端上来后，他也没有任何的客套，独自埋头大口扒饭吃菜。

这时，恰好有几位相识的同学走过来和我打招呼，他们用惊奇的眼光望着他。他也不与人打招呼，只顾吃饭，使我感到非常尴尬。

不到 10 分钟他就吃完了饭，然后自己走到开水桶边，将盘中的剩菜汤兑开水喝下去，用舌尖舔尽那碗中的剩余饭粒。从舅舅吃饭的神态中我不难揣摩，三菜一汤对于他来说，是多么的奢侈和难得。

临走时他说了一句："第一次远离父母在外过年，今天舅舅陪你吃饭，就算提前过年。"说罢，径直向门外走去。望着他离去的背影，我强忍着泪水没让它流出来。

在一次又一次的政治运动中，景润舅舅吃够了苦头。这次突如其来的"文革"巨大声势，更是彻底把他吓坏了，说话办事显得小心翼翼、唯唯诺诺。然而他内心深处的理想信念和生活信条，任何力量都难以撼动。他虽然取得

第二辑 孤独的追梦者

文革时期，《毛泽东选集》成了陈景润科学攻关的保护伞（右图为陈景润常看的《毛泽东选集》，收藏于福州市博物馆）

了石破天惊的巨大成果，依然蓬蒿一人，独自生活，默默维持着很低的生活标准，舍弃了国家专门提供的优越生活和工作环境，始终以事业为至尊，扼守了那份自甘淡薄、志在青云的单纯和率真。

这就是我可亲可敬、不可复制的景润舅舅。

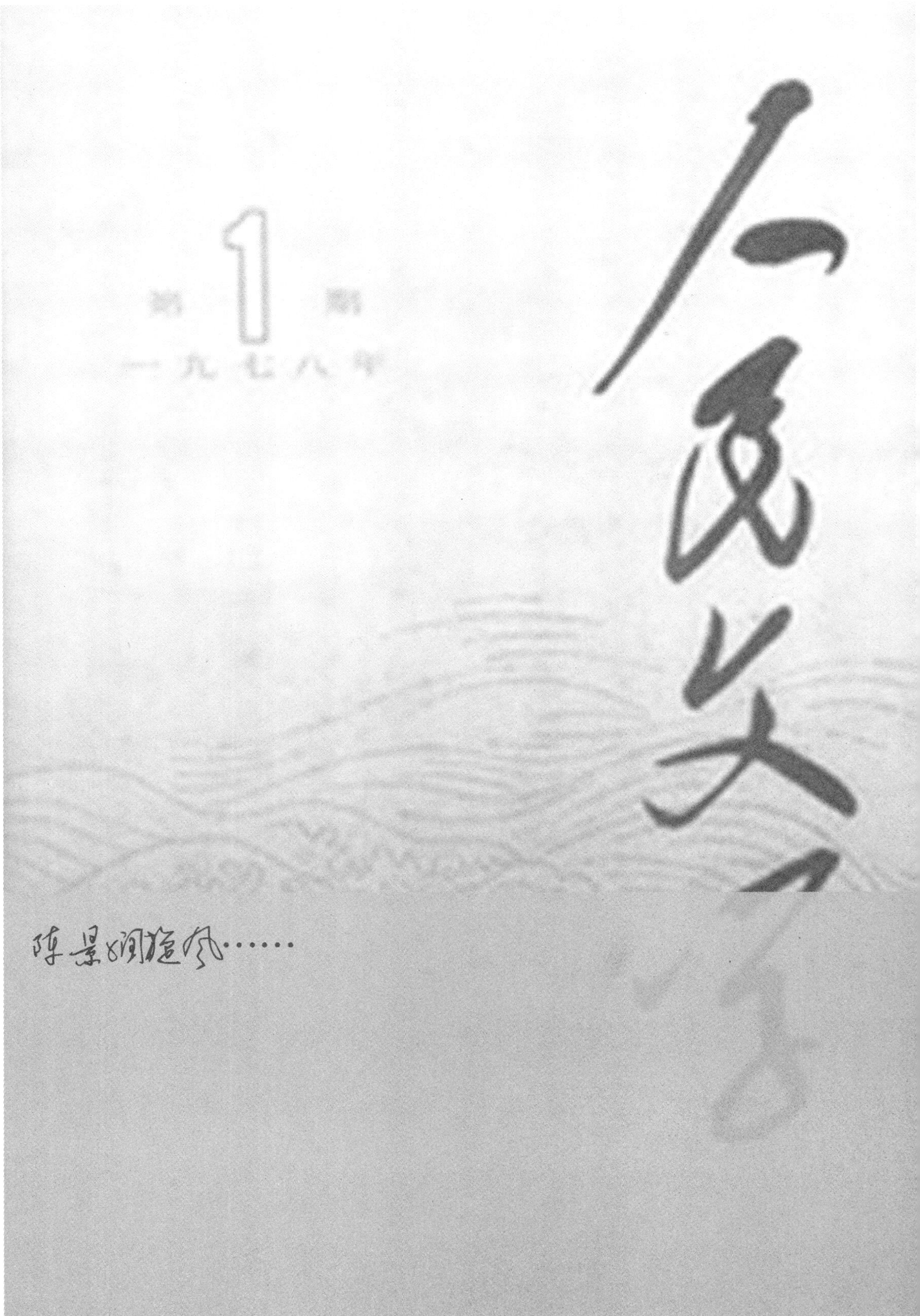

第 1 期

一九七八年

人民文学

陈景润旋风……

哥德巴赫猜想

徐 迟

……为革命钻研技术，分明是又红又专，被他们攻击为"白专道路"。

————一九七八年两报一刊元旦社论《光明的中国》

第二辑

不期而至的荣誉

徐迟的报告文学《哥德巴赫猜想》，在中国刮起了一股"陈景润旋风"。陈景润成为科学与献身的代名词，成为那个年代，鼓舞人们的精神动力。一夜之间，科学家成为最时髦的职业。"学好数理化，走遍天下都不怕"，又重新挂在人们的嘴边。全国上下的青年们，义无反顾地走上了追求科学的道路……

徐迟采访 一波三折

徐迟是位诗人，早年参加革命，写下了许多激情澎湃的诗歌。

在延安，毛泽东曾亲笔为他题写"诗言志"。

在写《哥德巴赫猜想》这篇报告文学之前，徐迟最有影响的作品是描写一位敦煌艺术家的报告文学《祁连山下》。巧的是，当年这篇颇有影响的报告文学，也是发表在《人民文学》杂志上。1949年以来，他还写了许多反映知识分子的报告文学，文笔细腻，富有激情。

在"文革"中，徐迟在人们的记忆中似乎消失了。

1977年11月初，当时主持《人民文学》工作的周明同志费尽周折，了解到沉默已久的徐迟在武汉。他急不可待地与徐迟通电话，总算是听到徐迟那久违的熟悉声音。

在电话中，周明同志邀请徐迟到北京帮助写报告文学。终于又有机会为知识分子疾呼了，徐迟起初显得非常高兴，当听说是写数学家陈景润，他在电话里沉默了很久说了一句："让我试试看吧！"

几天后，徐迟风尘仆仆赶到北京。当一些科技界的老朋友听说徐迟到北京是为了写陈景润，都动员他另选一个人物。

"陈景润是个是非之人，在科学界争议很大，你就不要去惹这个麻烦了吧！"有人这样劝导徐迟。

"我先接触一下再说吧？"徐迟说。

陈景润与徐迟在一起

徐迟去看望他的姐夫伍修权将军时，向他谈起了《人民文学》请他写陈景润的事。"'陈氏定理'很了不起啊！你应该去写。"伍修权曾看过一份介绍陈景润取得重大研究成果的内部报告，凭着多年南征北战的经历，对景润舅舅有一个基本的判断。

与此同时，周明同志也正在与中国科学院联系有关采访景润舅舅的事宜。听说《人民文学》要写陈景润，一位好心人对他说："我们科学院有贡献、有影响的科学家多的是，为什么偏偏选中陈景润呢？换一个人行不行？"

"我们就想写他。"周明同志的回答直截了当。

不久，周明同志直接找到时任中科院院长的方毅同志。当方毅同志了解《人民文学》将要采写陈景润的想法后，对周明同志说："我们支持你们的工作，中国要是有更多像陈景润这样的科学家就好了。"

批评和赞扬混杂，同意和反对交错，面对截然相反的两种态度，高层领导和作家徐迟坚持采访陈景润的决心却没有动摇。

顶着寒冷的北风和迎面飘来的雪花，周明同志陪同徐迟来到了位于北京西郊中关村的中国科学院数学研究所。数学所五学科李尚杰书记，热情地接待了他们两，简单地向客人介绍了一些景润舅舅的情况后，很快就走出去，带着一个中年人进了会议室。这个中年人个头儿不高，理着平整的小平头，身着一套蓝布棉制服，戴一副白框的近视眼镜。见到会议室内坐着陌生的人，他显得心不在焉、恍恍惚惚，其外表和神情，让人感到有些怪异。

徐迟的报告文学（节要已辑精态）在中国刊超了一议："陈景润旋风"。陈景润成为科学与献身科学的代名词，成为人们的精神动力，一夜之间，景时觉的的职业，变成天下都不说，又重新搭在人们的嘴边。全国上下的青年们，又无反顾地走上了追求科学的道路……

"他就是小陈，陈景润。"李尚杰书记连忙向客人介绍说。

景润舅舅低着头急忙走上前去，不停地搓着手，脸涨得通红。

"我们这次特地约请徐迟同志来对你进行采访，"周明同志向景润舅舅说明了来意。

"徐迟同志，您好！中学时代我就读过你写的诗。"景润舅舅腼腆地握着徐迟的手，紧接着又说："徐老！你可别写我，我没什么好写的。你写写工农兵吧，写写老一辈科学家吧。"

"你的'哥德巴赫猜想'研究工作做得很出色啊！你为国家作出了突出的贡献，就应该写嘛！"徐迟笑容可掬。

"没有，没有，我没做什么贡献。我所做的是应该的，是应该的……"景润舅舅忐忑地说。

"我来看看你，不是写你，是来写科学界，写'四个现代化'的，你放心好了。" 徐迟漫不经心，巧妙的转移话题。

"那好，那好，我一定给你提供材料。"景润舅舅也笑了起来。

于是，他们在轻松的环境中开始交谈。

徐迟问："'哥德巴赫猜想'研究进展如何？"

"现在到了最后阶段，也是难度最大的阶段。叶剑英元帅最近发表的诗作《攻关》，我看了以后很受鼓舞。"说着，景润舅舅便背诵起来：

"攻城不怕坚，攻书莫畏难。科学有险阻，苦战能过关。"

吟毕，他慷慨激昂地说："我要继续苦战，努力攻关，攀登科学高峰。"

"周明，他多么可爱啊，我一定要写他。"徐迟听着景润舅舅用福建口音一字一板的朗诵，笑语连声，转过身悄声对周明说。

徐迟晚上就住进中关村科学院招待所，周明急忙返回城里，直奔东总布胡同《人民文学》主编张光年的家，兴致勃勃地向主编讲述他们与陈景润接触后的所闻、所感。

"好哇，就写陈景润！要全面、客观、实事求是地写。这样的知识分子，为什么不可以大力宣传？你转告徐迟同志，我相信他，他一定会写出一篇精彩的报告文学。明年1月《人民文学》发表，就这么定了。"张光年被感染了，

左图为 1978 年第 1 期《人民文学》刊载的报告文学《哥德巴赫猜想》；右图为《人民日报》当年转载的《哥德巴赫猜想》。

他对周明激动地说。

为了如实地反映景润舅舅的情况，徐迟用大量的时间在中科院进行仔细的采访。被采访的人员中有陈景润的老师身边同事，还有著名的数学家和一般的工作人员。被采访的人见仁见智，看法不一，或好或坏，各有说辞。对这些意见，徐迟都耐心地记录下来。

一天，徐迟在数学所食堂吃饭。突然，一位女同志走到他的身边，直言不讳地对徐迟说："你是个大作家，别写陈景润了。科学院、数学所内优秀的科学家多的是，干吗非要写陈景润呢！你会惹麻烦的，写写我们数学所杨乐、张广厚两位数学家也比写陈景润好呀。"

采访陷入一个充满了尖锐矛盾的环境里，这是徐迟完全没有想到的。那些不喜欢陈景润人，总是在景润舅舅身上找毛病，有些人甚至千方百计排挤他，想将他一脚踩在地下。在采访过程中，徐迟还听说，因为华罗庚先生的牵连，他的学生几乎没有一个人逃脱过挨整的命运。华罗庚在离开数学所时，曾伤心地说："从此以后，我再也不会跨进数学所的大门。"徐迟为此感到十分震惊，数学所内激烈的政治斗争使他触手可摸！

徐迟敏锐地察觉到：那些人激烈反对陈景润，并非都是因为个人恩怨。陈景润平时与世无争，从来都没有得罪过人，那些人之所以反对他，既是"左"倾思想的严重影响，也是出于在激烈政治斗争中实现个人目的的阴暗心理。

徐迟的报告文学《哥德巴赫猜想》，在中国即刻掀起一股"陈景润旋风"，陈景润成为科学与献身时代的代名词，成为那个年代最引人注目的职业。"攀登数理化，走通天下都不怕"，更成为那社会流传在人们的嘴边，全国上下的青年引，又掀起地冲上了建设科学的道路。

思前想后，徐迟觉得无论冒多大风险，也要如实地反映陈景润的情况。

为了了解数论这门深奥的科学，徐迟看了许多书，还认真地"啃"了几遍景润舅舅的学术论文。

数学不懂，但数学家是可以读懂的。为了读懂这位数学家，徐迟去了景润舅舅经常去的图书馆和他的办公室，跟着他一块到食堂排队买饭，现场踏勘"文革"中他被造反派毒打而滚下的楼梯，看了他在绝望中跳楼自杀那个黑洞洞的窗口。他刨根问底，与最了解景润舅舅情况的李尚杰书记，反反复复地交谈"景润的故事"。两人常常隔着一张茶几，谈陈景润钻研科学的痴迷，谈他在生活中的轶闻趣事，谈发生在他身边那些是是非非的议论。

一天，徐迟对李尚杰书记说："我和周明一块去陈景润的小房间看看。你能否和陈景润商量一下？"

"啊！你们要去他的小屋？他每次进了门就急忙反锁起来，一般是敲不开门的。前年他大姐和外甥来北京，我带着他们进去一次，至今他还在责怪我呢！"说罢，李尚杰书记为难地望着他们。

"我倒是进去过多次，你们要进去得想个办法，搞点'阴谋诡计'……"见徐迟和周明态度坚决，李尚杰书记只好委婉地说。

第二天，他们三人来到88号楼。

李尚杰书记先到景润舅舅小房间门口敲了敲门。

"谁呀？"反复敲了三次，才听里面回应。

"是我，李尚杰。"

"哦！李书记，你等等。"景润舅舅客气地说。

小房间的门开了一条缝。他隔着门缝见只有李尚杰书记一个人，便将门打开让李尚杰书记进去。一会儿，徐迟和周明也敲响了小房间的门。没等他反应过来，李尚杰书记就走过去将门打开了。

见徐迟和周明站在门口，他连忙冲过去本能地想将门关上。可是，徐迟和周明已经迅速地挤进小房间。

"请坐，啊！实在没有地方坐。"景润舅舅不好意思地说。

的确是没有地方可坐的啊！小小斗室内，一张单人床，一张两屉桌和一把椅子，就占据了小房间四分之三的位置，剩下一个拐弯的墙角，放了几个装满演算稿纸和换洗脏衣服的麻袋，小桌上堆满了书和数学方面的杂志，仅留下中间写字用的一小块桌面。实际上，他平常不常用桌子，看书、演算都习惯将床上的褥子撩起，坐个小板凳趴在床板上工作。

眼前这一切，让徐迟和周明根本无法想象，就是在这样艰苦的环境中，陈景润解决了震惊世界的数学难题。从小房间出来后，徐迟产生从未有过的激情，接连几天挑灯夜战、奋笔疾书，完成了《哥德巴赫猜想》报告文学初稿。徐迟带着这篇初稿，与周明一起来到李尚杰书记家。

那天，李尚杰书记正感冒发烧躺在床上。

"你就别起来了，我将稿子念给你听，请你提修改意见。"于是，徐迟充满激情地朗读，读到动情处，他声音哽咽了。

"太好了！太感人了！"说罢，李尚杰书记也不禁掉下泪水。

李尚杰书记没有提出别的修改意见，只是要求里面不要出现自己的名字。徐迟对此表示了充分的理解，于是文中出现李尚杰的地方全都改成了"李书记"。"李书记"在这篇报告文学中，成了一个意味深长的符号。

1978 年第一期《人民文学》，全文发表了徐迟的长篇报告文学《哥德巴赫猜想》；2 月 17 日，《人民日报》、《光明日报》同时转载了这篇报告文学；随后，《工人日报》、《中国青年报》、《文汇报》，以及各省、市报纸、电台争相转载转播《哥德巴赫猜想》。

骤然间，陈景润像一颗耀眼的新星出现在中国的上空。

从"文革"十年动乱中走过来的中国人，心灵受到了极大的震撼。人们难以相信，这样一个瘦弱的书生，他是如何逃过了那一场又一场风刀霜剑？如何忍受漫漫长夜、艰苦征途的孤独和寂寞？

人们争相传诵这位传奇人物的事迹，有的人甚至工工整整地将全文抄写，珍藏起来。

一时间，陈景润成为家喻户晓的新闻人物。"哥德巴赫猜想"这个陌生而又拗口的数学专有名词，成为妇孺皆知、使用频率最高的词汇。

陈景润旋风

徐迟的报告文学《哥德巴赫猜想》，在中国刮起了一股"陈景润旋风"。

陈景润成为科学与献身的代名词，成为那个年代，鼓舞人们的精神动力。一夜之间，科学家成为最时髦的职业。"学好数理化，走遍天下都不怕"又重新挂在人们的嘴边。全国上下的青年们，义无反顾地走上了追求科学的道路。

在那个年代里，陈景润对国家和民族的贡献以及广泛久远的影响，已远远超出了学术领域。他的精神整整影响了一代人，激励了一个时代。报告文学形成的强大旋风将景润舅舅从 6 平方米的小房间卷了出来，使他不得不地去扮演着各种各样的角色。

2 月 17 日，《人民日报》、《光明日报》同时转载《哥德巴赫猜想》的这天，景润舅舅应天津市科协的邀请，前来作学术报告。返回的路上，他们走到一家邮局前，只见里面人头攒动，许多人在争相购买当天的报纸。李尚杰书记挤进去拿过一看，显赫的《哥德巴赫猜想》几个大字跃然纸上。站在边上的景润舅舅连忙低着头从人群中退出来，一边走一边连声说："这样不好，这样不好啊！"

1978 年秋，一封来自四川农村，没有收信人地址，仅写着"陈井运同志收"的信，竟然会沿着曲折的邮路

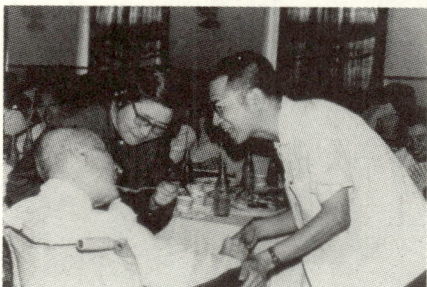

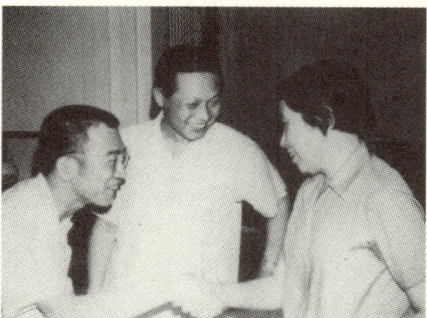

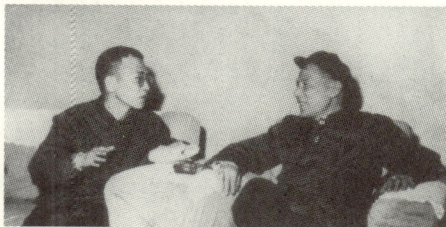

1	5
2	6
	7
3	8
4	9

1. 1978年陈景润河南讲学现场;
2. 1982年陈景润与高士其先生在一起;
3. 1983年王光美与陈景润亲切握手;
4. 陈景润和夫人由昆(后排左一)、著名歌唱家董文华(前排左一)在一起;

5. 陈景润在河南讲学时受到师生热烈欢迎
6. 陈景润及夫人由昆与卢嘉锡在一起;
7. 陈景润与穆青在一起;
8. 陈景润与数学家王元杨乐、张光厚在一起讨论数学问题;
9. 陈景润在讲学。

徐迟的报告文学《哥德巴赫猜想》,在中国刮起了一阵,陈景润成为科学与献身事业的精神动力,成为那一个年代,甚至年轻人们的特种偶像。一夜之间,陈景润成为最时髦的职业、《学好数理化,走遍天下都不怕。又重新扬在人们的嘴边,全国上下的青年们,又天反右而地走上了追求科学的道路……

1. 陈景润与方毅在一起；
2. 陈景润与彭冲副委员长（右二）；
3. 1978 年陈景润应邀做演讲。

准确无误地送到了景润舅舅手中。可以看出，当时他的社会影响面是多大的啊！

全国各地的报纸、刊物，纷纷请他写文章；

《中国青年报》专门约请他与青年人谈"理想"、谈"学习"；

《体育报》约请他谈"做一个科学家要身体好"；

许多小学校请他去担任校外辅导员；

中学请他去给学生谈"怎样才能学好数学"……

面对这些纷至沓来的邀请和请求，他觉得都是对他的信任，是责无旁贷的一项光荣的任务。只要有时间，他都会高兴地参加。

信件像雪片般飞来，每天都有几百封、近千封上面写着"陈景润同志亲收"的信件送到数学所。人们向他表达着心中的崇拜和敬仰，诉说着学习科学的渴望。面对堆积如山的信件，他感到束手无策。

"这些来信，你就不必一一回复了。"望着景润舅舅一筹莫展、左右为难的样子，李尚杰书记笑着说。

"那他们会说我骄傲自大，有了一点的成绩就不把人们放在眼里。"他忧心忡忡地说。

"那就让我们来帮助处理吧？所有的来信我们来帮助回复，上面写上'来信收到，景润同志由衷地感谢大家'好吗？"李尚杰书记和蔼地说。

"那……有的信不能这样回复的啊！"他为难地说，白皙的脸庞不知不觉地红了起来。

细心的李尚杰书记，读懂了他话中的意思，笑着说："那些向你求爱的信，就由你自己去回复啦！"

"谢谢李书记！谢谢李书记！"他高兴地连声说。

一天，有位来自大西北的年轻人，拎着一包足有十几斤重的数学手稿到数学所找景润舅舅。

"我已经证明了（1+1）。"年轻人一见到景润舅舅，就迫不及待地说。

景润舅舅不相信会有这样的奇迹发生，但为了不打击年轻人的这股激情，他专门花时间看这位年轻人的手稿，最后发现那只不过是年轻人的一腔热情。

也有人拿着登有《哥德巴赫猜想》的报纸，千里迢迢来北京找景润舅舅，要做他的学生；也有人直接投书《中国青年报》和《中国青年》杂志，质疑陈景润算不算又白又专的典型，宣传陈景润会不会使青年钻研业务不问政治而走偏方向。为此，《中国青年报》专门发表了《为了四化，要又红又专——从陈景润谈起》的评论文章。文章鲜明地指出：陈景润为了发展祖国的科学事业，不畏艰难困苦，顽强坚持攻关，这就是红。

《中国青年》杂志开展了"在青年中可不可以提倡学习陈景润"的大讨论。

那个时候，还常常发生一些啼笑皆非的事。黑龙江省有一个人，自称是女神赋予了他灵感，每天都来数学所要见景润舅舅。他对人们说，因为有了女神赋予的灵感，所以他能够在一夜之间，用中学课程中学到的数学方法证

陈景润和他的学生张明尧在一起讨论数学问题

陈景润在工作中

描述这一报告文学《哥德巴赫猜想》，在中国刮起了一股《陈景润旋风》，陈景润成为科学献身的年代《名利》成为那个人们的精神动力，一波之间，科学家成为最时髦的职业，《学好数理化，走遍天下都不怕》，又重新植根人们心里，《学习陈景润》又无风吹起上了神圣科学的道路……那个青年们，全国上

明（1+1）。为了能够见到陈景润，这个人整天不是守在景润舅舅小房间门口，就是坐在数学所景润舅舅办公室里，弄得景润舅舅只好到处躲避。如果回到小房间，景润舅舅赶紧将门反锁，任何人敲门都不开，甚至有时连灯都不敢开。

邀请他作报告的单位和团体，络绎不绝。

在人们的请求下，他一遍又一遍地讲述自己的奋斗经历，一次又一次地扒开已渐渐愈合的伤口。人们并不在乎能不能听懂他那南方口音极重的普通话，只要他的到来，就会让人们热血沸腾、欢欣鼓舞，感受到莫大的精神满足。

翻阅当年的报纸，我曾经看到他在某地作报告时说了这样一段话：

"……'四人帮'横行时，我不怕打棍子、不怕扣帽子，坚持每天上下班，全部时间都埋头在图书馆、宿舍和办公室从事数论的研究工作。我身体不好，医生让我'全休'，我把疾病置之度外，坚持不懈，一旦问题获得解决，那就其乐无穷。在遇到困难时，马克思'在科学上没有平坦的大道，只有不畏劳苦沿着陡峭山路攀登的人，才有希望达到光辉的顶点'的教导，激励着我战胜困难，不断地向前进。我在数学上能做出一点成绩，完全是毛主席、华主席、周总理和共产党培养、教育的结果。一位外国教授曾经问我：'是什么力量使你能长期坚持研究非常困难的哥德巴赫猜想呢？'我回答说：'是伟大领袖毛主席、英明领袖华主席和敬爱的周总理、敬爱的邓副主席对我政治上、工作上、身体上、生活上的关怀。我一想到老一辈无产阶级革命家把自己的一生无私地贡献给人民，浑身就有使不完的力量。'"多么朴实无华的语言啊！没有任何的修饰，没有刻意的表述。这完全是发自于景润舅舅心灵深处的肺腑之言。

三十多年过去了，当我再次翻阅当年他的讲话，依然感慨万分、心潮澎湃，仿佛又回到那真实、淳朴的年代。

这样的报告，景润舅舅作了一场又一场。他朴实无华的语言，鼓舞着整整一代的年轻人。

唯独我的学校北京钢铁学院的邀请，景润舅舅没有接受。自从景润舅舅到学校看我之后，"宋力是陈景润的外甥"的消息，在我的学校不胫而走。一天，学校单位领导专门将我请到办公室，希望我能出面请景润舅舅到学校向学生

关于陈景润的媒体报道

做一次报告。当天晚上，我兴冲冲地赶到景润舅舅小房间。不等我将学校领导的意见说完，他的脸色就变了下来。"宋力，我不能去，我绝不能去。"

"为什么？你到许多单位都去作报告，为什么我的学校不能去呢？"我生气地说。

"就是因为你在那学校，所以我更不能去。"说罢，他示意叫我回去。回到学校，我只好编了一个理由向学校领导说明。事后，李尚杰书记找我说："宋力，你舅舅这个人非常谨小慎微。你在学校读书，他去作报告实际上是对你不利的，现在社会上对你舅舅还是有许多争议，他怕让你受累啊！"听了李尚杰书记一番话，我对他的再次误解才解开。

陈景润的事迹传遍神州大地，他和他的《哥德巴赫猜想》成为百废待兴的科学废墟上的一朵奇葩。愈刮愈烈的"陈景润旋风"，不仅席卷中国大地，而且漂洋过海，在西半球引起关注。

英国路透社发表评论文章：有一名中国数学家，在中国已被提高到民族英雄的地位。报纸上对陈景润的报导，使西方电影明星和政治家都感到妒忌……关于他身世的报导，不仅可以使人了解中国人心目中的人情味是什么，而且展示了中国人的人生观、价值观在文化革命时代以后发生的大转变。

1979 年 3 月，酝酿已久的全国科学大会在北京隆重开幕。

在这春意盎然的日子，景润舅舅和来自全国各地 6000 多名代表，昂首

左图为陈景润在全国科学大会上发言；右图为 1978 年 3 月，北京全国科学大会期间陈景润与友人合影（前右一为秦牧，右二为徐迟，前左二为陈景润，后右一为周明）

挺胸走进了人民大会堂。他和恩师华罗庚先生一起坐上了大会主席台。

华国锋在大会上作了题为《提高整个中华民族的科学文化水平》的讲话。

邓小平第一次提出了科学技术是生产力的重要观点。

"一个人，如果爱我们社会主义祖国，自觉自愿为社会主义服务，为工农兵服务，应该说这就是初步确立了无产阶级世界观，按政治标准来说，就不能说他们是白，而应该说是红了。"在大会上，邓小平动情地提到有关"白、红"的概念。听到这些似乎就是对他说的话，景润舅舅激动得泪流满面。

不久，一直戴在景润舅舅头上的"白专"帽子终于摘了下来。他抑制不住内心的激动，连夜写下一首诗：

"革命加拼命，拼命干革命，有命不革命，要命有何用？"白如开水的 20 个子，诠释了他对于生命意义的全部理解。

景润舅舅是新中国培养起来的第一代数学家，他热爱共产党、热爱社会主义国家，他所做的一切都是为了国家的利益，为了人民的利益。无论从哪个角度来讲，他都是不折不扣"又红又专"的科学家。但就是这个在现在人们眼中显而易见、最容易判别的问题，在当年却经历了多少坎坷和险阻。

世界级的数学大师、美国学者阿·威尔 (A.Weil) 曾这样称赞他："陈景润的每一项工作，都好像是在喜马拉雅山山巅上行走。"

1974 年国际数学家大会介绍庞比尼获菲尔兹奖的工作时，特别提到"陈

左图为 1978 年全国科学大会期间邓小平会见陈景润等代表；右图为陈景润参加全国科学大会

氏定理"是与其密切关联的成就之一。

1977 年的一天，景润舅舅收到国际数学家联合会主席写给他的信，邀请他出席国际数学家大会。参加这次大会的有世界上著名的数学家共 3000 人，大会共指定了 10 位数学家作学术报告，陈景润就是其中之一。从 1978 年和 1982 年，他还两次收到国际数学家大会请他作 45 分钟报告的邀请。所有这些，对数学家而言是至高的荣誉，极大地提高中国数学界在国际上的地位，激励了整整一代奋发向上的中国青年。

今天，我们追寻他的足迹，依然可以清晰地倾听到他在那个时代奋力攀登、百折不回的脚步声，敏感地品味到人生奋斗的艰难和壮美。倘若说，人生是一部书，他的一生，便是足以让后人细细揣摩、咀嚼、吮吸，奉为典范的一部巨著。

景润舅舅先后获得全国科学大会奖、国家自然科学一等奖、何梁何利基金奖、华罗庚数学奖等重大奖励，上世纪 70 年代末和 80 年代初曾先后出访欧美。1978 年以后，他培养了多名博士研究生。他那瘦弱的身影，几乎凝聚了全世界所有数学家关注倾慕的目光。傲慢、自负的日本人，面对有着五千年文明史的中国，也称道中国有两位数学奇才：一位是祖冲之，一位便是陈景润。

说来令人难以置信，远离政治的景润舅舅处处以国家和民族的利益为重，有着强烈的大局意识和组织观念。每次国外数学界向他发出出访学术交流的邀请，他都要立即向数学所党组织作汇报，请求党的指示，从不擅自直接与

第三辑 不期而至的荣誉

徐迟的报告文学《哥德巴赫猜想》，在中国刮起了一级"陈景润旋风"。在那个特殊的年代，科学的春天里，陈景润成为最时髦的职业，一个数学家成为最时尚的人物，走遍天下都不词，又重新起在人们的嘴边。全国上了的青年们，又无反顾地走上了追求科学的道路……

```
1 | 2
-----
  3
```

1. 陈景润和小学生在一起；
2. 陈景润在福建疗养时与少先队员在一起；
3. 陈景润与中学生在一起。

国外数学界联系。

有一次，就是否受邀参加有台湾数学界人员一块参加的国际数学大会，他敏感地向中科院报告。院领导回答："你是数学家，党组织尊重你个人的意见，你可以直接给他们回信，表示自己的态度。"

在答复国际数学家联合会主席的信中，他是这么写的："第一，我们国家历来是重视跟世界各国发展学术交流与友好关系的，我个人非常感谢国际数学家联合会主席的邀请；第二，世界上只有一个中国，唯一能代表中国广大人民利益的是中华人民共和国，台湾是中华人民共和国不可分割的一部分。因为目前台湾占据着国际数学家联合会我国的席位，所以我不能出席；第三，如果中国只有一个代表的话，我是可以考虑参加这次会议的。"由此可见，他并不是人们认为，只会钻研数学的书呆子。为了维护祖国母亲的尊严，他可以牺牲自己的个人利益。

1979 年，他应美国普林斯顿高级研究所的邀请，到美国作短期的研究访问。普林斯顿研究所的条件非常好，他废寝忘食、拼命工作。外出参加会议时，他感觉旅馆里比较嘈杂，便躲进卫生间里，继续进行研究工作。在美国短短的五个月里，除了开会、讲学之外，他完成了论文《算术级数中的最小素数》，一下就把最小素数从原来的 80 挂进到 16，这一研究成果，当时也是世界上最先进的。

在美国研究访问期间，他非常节俭。研究所每个月给他的出访报酬是 2000 美金，这在当时是比较丰厚的。但他从不去餐厅午餐，而是吃自己带去的干粮和水果。五个月的时间里，除去房租、水电，只花去 1800 美元，伙食费等也仅花了 700 美元，总共节余了 7500 美元。

这笔钱在当时不是个小数目，他完全可以像其他人一样，从国外买回些高档家电。可是，他把这笔钱全部上交给了国家。他抱定了一个念头：我们的国家还不富裕，我不能只想着自己享乐。

他就是这样一个谦虚、谨慎、为人正直、办事认真的人。尽管他在科技界已功成名就，事业如日中天，但他始终没有丝毫的骄傲自满。

他一生共发表学术论文 70 余篇，本想在有生之年内，完成（1+1），摘取数学皇冠上的明珠，可惜在他生命最后的十多年中，遭受着帕金森综合征的困扰和折磨，长期卧病在床而不能实现最终的夙愿。

"在科学的道路上，我只是翻过了一个小山包。真正的高峰还没有攀上去，我还要继续努力。"他常常对周围的同志们这样说。

第三辑 不期而至的荣誉

徐迟的报告文学《哥德巴赫猜想》，在中国刮起了一股陈景润旋风。陈景润成为科学与献身的代名词，成为那个年代、报章人们的精神偶像，一夜之间，科学家成为最时髦的职业。"学好数理化，走遍天下都不怕"，又重新挂在人们的嘴边，全国上下的青年引发了反反地走上了追求科学的道路······

特别的人大代表

1974 年年底，中央决定于 1975 年 1 月召开第四届全国人民代表大会。

出乎意料的是，在推荐和选举人大代表时，"陈景润"这个在不少人眼光中是"白专"典型的科技工作者，被列上了人大代表的名单。更出乎意料的是，提名他当全国人大代表的竟是国务院总理周恩来。

事后，才知道重病缠身的周总理当时正在广州，他专门打电话给有关部门，提议陈景润当四届全国人大代表。

周总理充分肯定景润舅舅艰苦不懈、不折不挠的科学攻关精神。在当时的时代背景下，提名陈景润为全国人大代表，无异于在滚滚寒流中，呼唤万木争荣的春天。树起一个陈景润，便是树起一面耀眼的旗帜。科学落后的中国，需要千千万万的陈景润。

但谁也没有想到，周总理的提议竟会遭到激烈的抵制。在周总理的强烈坚持下，有关方面通知科学院，尽快填写上报推荐陈景润当全国人大代表的材料。数学所接到上级通知后，瞬间掀起轩然大波。

在数学所党委专题讨论景润舅舅当选人大代表的会议上，出现了一边倒的反对呼声。

"陈景润是'白专典型'，怎么能当全国人大代表？"

"数学所里比陈景润优秀的人多的是，为什么非要让他当人大代表？"

"就是把刀子搁在我脖子上，我也不承认陈景润是又红又专的人。"

数学所党委会，没有通过同意推选陈景润为全国人大代表的决议。

会后，数学所专门为此写了专题报告，如实地反映了党委的反对意见。

所有这一切，景润舅舅浑然不知。他仍然全神贯注、夜以继日地钻研着"哥德巴赫猜想"。离最后证明（1+1）仅有一步之遥，可就是这一步要跨越过去，其艰难的程度常人难以想象。

他在没日没夜的演算着，在他的小房间外，他能否当选全国人大代表的讨论一直没有停息。

一天上午，中科院党委书记的办公室响起了急促的电话铃声。电话是从中南海打来的，通知院党委书记和数学所党委书记立即去中南海面见时任党中央副主席的华国锋。

到了中南海，他们被直接领进华国锋的办公室。华国锋紧绷着脸坐在沙发上，见他们进来，满脸怒气地指着他们说："你们连总理的指示都不办，还听谁的？陈景润当选人大代表的事，你们同意得办，不同意也得办。"

由于景润舅舅病情再次加重，他又被送进解放军 309 医院。那天，他正躺在病床上输液，数学所领导专程到医院通知，他被推选为全国人民代表大会代表。

"这是周总理亲自提议的。"数学所领导激动地对他说。

这个消息对于景润舅舅来说，简直是太突然、太意外了。多年来，除了参加"批判会"、"斗争会"，他几乎没有参加过别的会议。当选全国人大代表，意味着要与党和国家的领导人一起商议国家大事，更是他想都不敢想的事。更何况，提议他当选人大代表的是敬爱的周总理。

"为什么选我？我哪里配得上呢？"含着激动的泪水，他反复对数学所领导喃喃道。

1975 年 1 月，第四届全国人民代表大会在北京隆重召开。

那天一大早，还在住院的景润舅舅很早就开始准备着。他从柜子里取出一个破旧的大提包，将数学书放在最底层，然后再盖上换洗的衣物，又将病

房里的报纸收拾在一起放进脸盆，并在这些报纸上放上一本英文版的《毛泽东选集》。准备完了以后，他静静地坐在病床边，等着来接他的车子。

李尚杰书记轻轻地推开病房的门，见他身边放着塞得鼓鼓囊囊的大提包和用网兜装着的脸盆，忍不住笑了起来。

"景润，开会住宾馆，带什么脸盆啊？"

"要的，要的。这样会方便些。"他固执地对李尚杰书记说。说罢，还将上面放着《毛泽东选集》的脸盆紧紧地抓到手上。

多年来，作为"白专典型"的他被批判、被斗争，已经身心疲惫、草木皆兵了。参加开会也要比别人多一个心眼，他悄悄地将数学书藏在下面，将报纸和《毛泽东选集》放在最醒目的地方，将自己装扮成是在关心政治。

见他如此固执，李尚杰书记和蔼地笑着说："好吧！都带上。"

到了前门饭店，负责大会接待的工作人员见他双手端着脸盆，笑着说："饭店里有洗浴设备，不需用脸盆的。"

"要的，要的。"他仍固执地将脸盆端进了房间。

这次人大会议，他没有安排在中科院所属的中直机关代表团，也不在老家福建代表团，而是被安排在天津代表团。周总理也安排在天津代表团，并且和他编在一个小组。

原来，这一切都是周总理亲自筹划的。

当提议陈景润当选全国人大代表受到抵制时，周总理就已经清楚地看到陈景润的处境，从中也清楚地看到许多与他一样命运的知识分子的处境。周总理指示会议筹备人员将陈景润与他一起编在天津代表团，无疑是对景润舅舅最有力的保护。

这次大会，是一次令人激动和振奋的大会。

周总理在会上作了"建设社会主义现代化中国"的工作报告，在中国政治舞台上销声匿迹的邓小平，重返政坛出任国务院副总理，"科学研究"、"发展技术"这些久违的词语又多处体现在了大会工作报告中。

大会给人们带来了春天的气息，许多人都在想，这场旷日持久的"文革"快收场了吧？

陈景润曾当选为第四、第五、第六届人大代表，图为不同时期陈景润出席人大会议的情景。

　　会议期间，几乎每个晚上都安排活动，不是看电影就是看革命样板戏。对这些的活动，景润舅舅一次也没去。等代表们都外出活动了，他便拿出藏在提包底层的书，一个人躲在房间里看书、演算。一听到走道上有什么动静，他赶忙将所有的书藏了起来。到了深夜，同房间的代表睡着后。他悄悄起床，蹑手蹑脚到卫生间。轻轻地将卫生间的房门关上，将马桶盖盖上当小台子，趴在上面看书、演算。几乎每天晚上，他都要在卫生间内工作到凌晨。

　　一天下午，代表团分组讨论。大家刚坐好，一个熟悉的身影走进来。他抬了抬眼镜框仔细一看，啊，是周总理！身穿银灰色中山装的周总理与代表们热情地打着招呼后，笑容可掬地入座，亲切地与大家交谈着，幽默的语言、爽朗的笑声，深深地感染了在场的所有人。此时此刻，他有许多话想对总理说，却不敢挤上前去，只是坐在角落幸福地看着周总理，认真听周总理的讲话。

　　突然，周总理从位置上站立起来，微笑地向他走过来。顷刻之间，他浑身热血沸腾起来，激动、紧张的心情交织在一块。他连忙站了起来，不知所

徐迟的报告文学《哥德巴赫猜想》，在中国刮起了一股"陈景润旋风"，陈景润成为科学与献身的代名词，成为那个年代、那个时代人们的精神动力。一度之间，科学家成为最时髦的职业，又普及不衰。"学好数理化，走遍天下都不怕"，又重新社在人们的嘴边、全国上下的青年们，又掀起地光上了建家科学的道路……

措地望着总理，话到嘴边，却怎么也说不出来。

"陈景润同志，我认识你呀！你为中国争了光，为中国人民争了气。我们要感谢你！你还要学好外文，将来我们国家总是要同英、美、日等资本主义国家往来的嘛！"周总理亲切地拍着他的肩膀，像一位和气的兄长。

"谢谢周总理！谢谢周总理！"景润舅舅一个劲地点着头。

在那个"知识越多越反动"的年代，周总理的这番叮嘱如甘露滋润着他那干涸的心，是对他最大的支持和鼓励。

从人大会议回来后，他逢人就说："周总理让我学外文，党让我搞科研。"说着说着，他激动的泪水情不自禁地淌了下来。

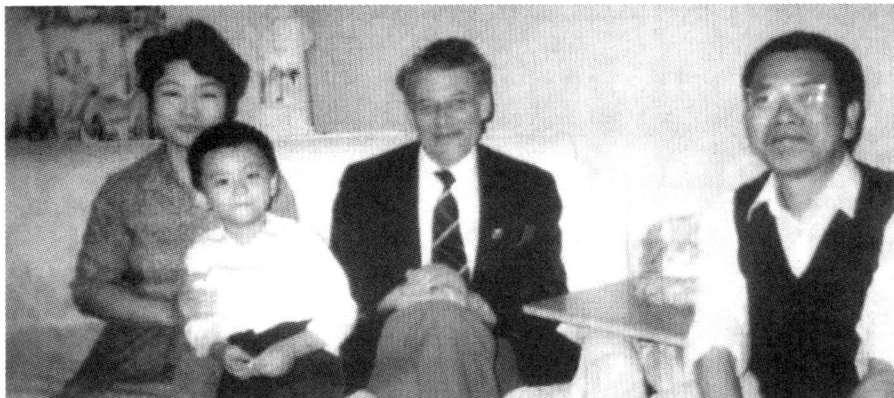

1	2	3
	4	

1. 陈景润（左）与美籍生物博士许引明教授（右）交谈；
2. 1979年陈景润在英国剑桥大学访问；
3. 1979年陈景润访问美国哥伦比亚大学；
4. 美国数学家哈波斯坦应邀到陈景润家中作客。

中國科學院數學研究所專刊

第1號

堆壘素數論

华罗庚

中國科學院數學研究所編輯
科學出版社出版

铭记恩师……

第四辑

发自内心的感恩

「饮水思源，我能在数学科学领域里取得一定的成果，是和母校的培养教育分不开的。此刻，我不由地怀念已故的王亚南校长，怀念我的老师方德植、李文清教授和数学系的师友……近几年，我一方面坚持治疗，加强恢复功能的锻炼；一方面坚持科研工作，写论文、读书、带研究生。我想在有生之年，不断拼搏，继续攀登，生命不息，攻关不止……」

景润舅舅与华罗庚

景润舅舅是非常幸运的，在事业的跋涉中，遇到了慧眼识珠、对他竭力提携、鼎力相助的贵人——华罗庚。对于华罗庚先生的知遇之恩，景润舅舅牢牢铭记在心。

华罗庚是国际上享有盛誉、成绩卓著的伟大科学家。他惊人的科学成就，一丝不苟、严谨治学的精神为世人所赞叹和敬仰。

华罗庚的学习起点低、基础薄，成才道路充满了传奇色彩。他少年时在江苏金坛县的一个小学读书，因成绩差，学校没有给他小学毕业证书，只拿到一个修业证书。他曾在上海的"中华职业学校"学习，但由于家里的经济条件不允许而中断了学业。20岁的时候，由于患上伤寒症，没有及时治疗左腿残废了。一个只受过初中教育的残疾青年，要利用一切零碎的时间无师自学，节衣缩食买书买纸钻研高深的数论问题，其艰难程度是可想而知。

一次，华罗庚从上海买了一本《科学》杂志。杂志中有一篇署名苏家驹的关于解代数方程的文章，他仔细看了又看觉得是错的。于是写了一篇论文寄给了一家杂志社，没想到很快就被这家杂志发表了，论文得到当时清华大学数学系主任熊庆来教授的青睐。1931年，在熊教授的推荐下，一个没念过高中且身有残疾的年轻人，一步跨入了清华大学的大门。后来在熊庆来、唐培经、左图为陈景润与华罗庚（左）在一起；右图为华罗庚赠送给陈景润的个人著作（收藏于福州市博物馆）。

杨武之等名教授的提携栽培和他自己的顽强拼搏下，华罗庚又被送往英国著名高等学府——剑桥大学深造。

1937年，抗日战争爆发，华罗庚离开英国，来到西南联大任教。当时的条件极为艰苦，华罗庚给学生上课时经常被敌机轰炸中断。为了躲避炮弹的袭击，他拖着残腿艰难的奔跑。一次，弹片溅起的泥土将他全身覆盖。后来，他索性住在乡下农民家里研究数学。1946年，华罗庚到了美国，两年之后成为伊利诺大学的正教授。这时他的数学研究正处在巅峰状态，他的生活、工作有了保障，对于辛苦半生的华罗庚来说，这无疑是一个很不错的归宿。

当新中国成立的消息传到美国的时候，华罗庚再也按捺不住满腔的爱国热情。1950年2月，华罗庚一家几经波折、冲破层层阻挠，终于回到祖国母亲的怀抱。在回国途中，他发表了热情洋溢的《致中国全体留美学生的公开信》，信中写到："梁园虽好，非久居之乡，归去来兮……为了抉择真理，我们应当回去，为了国家民族，我们应当回去，为了为人民服务，我们应当回去！"

1950年华罗庚第一次见到了毛主席。不久，毛主席宴请了回国工作的一些著名科学家。在宴会上，毛泽东主席特意找到华罗庚，对他说："听说你是金坛人，数学搞得很好，听说你还是一个穷苦出身的人，希望你为我们培养出一些好的学生来。"华罗庚果然不负重托，以渊博的学识、博大的胸怀，不仅培育和造就了一大批我们新中国自己的数学家，而且为新中国的数学研

117

究奠定了基础。

1951 年，政务院第 69 次政务会议通过任命华罗庚为中国科学院数学研究所所长。1952 年 7 月 1 日，中国科学院数学研究所正式成立。1953 年秋，数学所成立了微分方程和数论两个组，成立微分方程组的初衷是为了理论联系实际，成立数论组则是考虑到这是华罗庚的专长，应优先发展。

景润舅舅之所以能够得到华罗庚先生如此的器重，除了他认真钻研以外，还因为他与华罗庚先生在人生履历上有许多相似之处。1956 年，李文清先生把景润舅舅的《他利问题》的论文通过关肇直转交给华罗庚先生的时候，华罗庚先生看到这个和自己经历相似、饱经苦难、历经沧桑青年的论文之后大为赞赏。他在景润舅舅身上看到了自己年轻时候的影子，以至于后来他对景润舅舅的许多"怪癖"，给予充分的理解和包容。

"我从一个学校图书馆数据室的狭小天地走出来，突然置身于全国名家云集的专门研究机构，眼界大开。在数学所党委的直接领导下，在华罗庚教授的亲切指导和帮助下，我在这里充分领略了当时世界上最先进的数论研究成果，使我耳目一新。当时，数学所关于数论的讨论有许多机会，但是我习惯了自己一个人演算。关于我搞个人主义的传闻，华老总是第一个为我解围，华老很尊重我的研究方法，现在想来，最知道我性情的人，华老应该算一个。之所以能取得如此的成绩，华老的功劳不可估量。他是我一生的恩师。"在回忆自己在中科院数学所工作经历的时候，景润舅舅发自肺腑地说了心里话。

景润舅舅对于恩师的感恩是发自内心的。无论在何时何地，他总会尽可能地保护恩师的安全，坚决不做有损恩师华老的事情。即便是在"文革"时期，华老被插了"大白专"的白旗，景润舅舅依然坚持实事求是，身边不少同学纷纷颠倒是非黑白，为了自身的安全，揭发、批斗自己的老师。但他依然坚决不参与，默默地为华老祈祷，希望他能挺过去。

"文革"时期，"四人帮"曾派"文革"小组的一位成员为了搜集华罗庚的黑材料，找到景润舅舅，希望他能站出来揭发华罗庚"盗窃他的成果"。他旗帜鲜明地给予回绝。

事后，他悄悄地问华老的学生陈德泉："上面要我揭发所谓的华老师盗

陈景润和华罗庚（右二）在一起

华罗庚（前中）与陈景润（前右二）等众学生在一起

"饮水思源"，我院在数学科学领域里取得一定的成果，是和牛校的培养教育分不开的。此刻，我不由地怀念已故的王竹溪副校长、华文电视副教授，回忆起老师的教诲。李文清教授和数学系的师长。近几年，我一万劳忍学习数学研究的领域，一方面坚持科研工作，写论文，读书，搞研究生，我想后半生之年，不断拼搏，继续奋斗，生命不息，攻关不止……

119

陈景润与华罗庚在一起

窃我的成果的问题,怎么办?"陈德泉一下摸不清景润舅舅的用意反问道:"华老师到底有没有盗窃你的成果?"

"没有,根本没有的事!"景润舅舅坚定地说。

"那你就照实说吧,事实就是事实,没有什么好害怕的!"陈德泉的这番话,让景润舅舅的心里有底了。他心里明白,在这是非颠倒的环境下,一定要坚持实事求是,要做到无愧于心。

景润舅舅成名之后,仍然有人拿类似于这样的事情不断地问他。他每次都坚持用自己的良知和感恩的心,善待和保护着有每个有恩于自己的人。

20世纪70年代末到80年代初,景润舅舅先后两次出国访问、讲学。每次出访之前,他必定要到华老家道别、请教。华罗庚曾当面对李尚杰书记说:"陈景润的工作是建国以来,我们在数学领域最好的。"

华罗庚很关心景润舅舅的身体和他的研究进展。1984年,当华罗庚先生得知陈景润患帕金森综合征时,他十分难过,反复说:"得了这种病真不幸,陈景润今后无法工作下去啊!"

1985年,华罗庚出访日本前,亲自到中日友好医院探视,他握着景润舅舅的手深情地说:"王国湘主任(中日友好医院神经科)检查我也可能患有帕金森综合征,等我回国后,咱们都在这儿住院。"说罢,眼圈不禁红了起来。

谁知这一次见面,竟然成为景润舅舅与华老的永诀。

1985 年 6 月 12 日，华罗庚访日期间心脏病复发，在东京大学的讲坛上猝然倒地，结束了他为祖国数学事业贡献不止的一生。消息传来，举国共哀、举世震惊。当时已经患帕金森综合征的景润舅舅万分悲痛，想起华老临走前说的话，他泣不成声，嘴里不断念叨："华老走了，支持我、爱护我的恩师走了！"

1985 年 6 月 21 日，在八宝山革命公墓举行了华罗庚骨灰安葬仪式。此时，景润舅舅已是久病在床，生活已经不能自理，既不能自主行走又不能站立。数学所的领导和同事都劝他不要去，但是他坚持要去。"华老如同我的父母，恩重如山，我一定要去见华老最后一面。"他泣不成声地说。

同志们都知道他的脾气，一旦认准的事情，就一定就要做到。由昆舅妈只好按照他的要求，帮他穿上衣、裤，穿上鞋、袜，把他打扮得端庄严谨，去见华老最后一面。到了八宝山，大家都建议他坐在手推车上，等仪式结束以后再扶着他到华罗庚的骨灰盒前鞠躬致敬。但他执意不从，坚持要和大家一样站立。于是，只好安排了三个人，一左一右驾着胳膊，后边一个人帮助支撑。整个追悼会长达 40 分钟，他硬是撑着站了 40 分钟。在这 40 分钟里，他哭的像一个泪人，泪水湿透了好几条手绢。

1995 年 6 月 12 日，华罗庚铜像揭幕仪式在中国科学院数学研究所大楼前举行。正在中关村医院治病的景润舅舅坐着轮椅再次坚持出席。当瘦小苍白的他被推进会场时，人们自动为他让出了一条通道，在场的领导同志和数

1994 年 7 月 10 日，著名数学家陈景润参加华罗庚铜像揭幕仪式时与师母吴筱之女士握手问好。

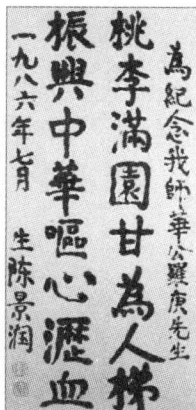

陈景润纪念华罗庚的墨宝

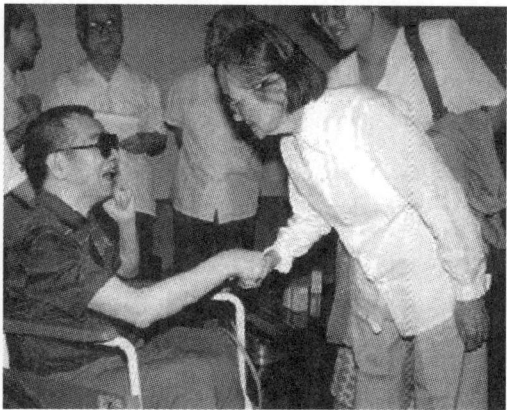

為紀念我的恩師華公羅庚先生

桃李滿園甘為人梯
振興中華嘔心瀝血

一九八六年七月 生陈景润

学界的同行们无不为之动容。仪式结束之后，潘承洞走上前向景润舅舅问好，他仍像往常一样，反复不停地点头艰难地说着："谢谢，谢谢……"

景润舅舅与华罗庚先生的缘分连接着生命。在这次仪式之后的不久，景润舅舅也匆匆地离开了人世，或许，他们相约在云的那一端，继续重叙昔日的师生情谊吧。

景润舅舅对于华罗庚先生的感恩，华罗庚先生对景润舅舅的鼓励和支持，可以用一句话来形容——"一日为师，终生为父！"他敬重华老如同父亲，而华老如同父辈一样，全心地培养了晚生陈景润。

景润舅舅第一次见到闵嗣鹤是在数学所的一次偶遇中。当时，在清华大学任教授的闵嗣鹤教授之所以会到数学所来，是因为是华罗庚的邀请来为同学们讲数论。

可是就在上课的前一天，华罗庚先生因为政治问题被隔离，不能来主持这个数学研讨会。由于对突然发生的情况顾虑和害怕，同学们都没敢前来参加这场研讨会。闵嗣鹤却没有失约，准时到了数学所研究所。结果他惊讶地发现，教室内空无一人。他还不知道华罗庚被隔离，一怒之下，转身走出了教室。

这时候，景润舅舅匆匆赶到教室，与正要离开的闵先生撞了个正着。一个清华大学擅长数论研究的学术泰斗与一个初出茅庐的数学所研究实习员不期在这里相会了。

"你们就这样对待老师的吗？"闵嗣鹤望着这位年轻人，声色俱厉。

在这之前景润舅舅并没有见过闵嗣鹤教授，但是从对方这种语气中，大体也猜出了这位老人家就是闵嗣鹤教授。

"不是的，华先生被隔离了，不能亲自来见您。其他同学为什么没有来听课，我也不知道。实在不好意思，我迟到了！"景润舅舅低着头，歉意的对闵嗣鹤教授解释。

"哼！这群学生就是怕因为跟华先生有什么瓜葛不敢来了吧！"闵嗣鹤教授依然怒气难消。

第四辑　发自内心的感恩

陈景润给闵嗣鹤教授的感谢信

"你叫什么名字？为什么迟到？"看到景润舅舅如此谦逊的样子，闵嗣鹤教授语气变温和了一些。

"我叫陈景润，是数学所的研究实习员。因为在图书馆看书，被一道数论题难住了，所以忘记了时间，真对不起！"他为自己的迟到感到羞耻，脸刷的一下子红了。

闵嗣鹤教授拍拍景润舅舅的肩膀，笑了。

"你把你的数论难题跟我说说吧！"

这就是景润舅舅与闵嗣鹤教授的初次见面，时间是1963年。

在景润舅舅证明了（1+2）的几年中，他经常向闵嗣鹤教授请教有关数论问题。闵教授逐渐喜欢上这位好学的年轻人，每次总是细致、耐心地为他讲解。由于在1963年~1966年那段时间，华罗庚先生处境艰难，所以景润舅舅在证明出（1+2）的第一时间，把成果交由闵嗣鹤教授帮助审稿。闵嗣鹤教授是他能接触到的最有资格审核"哥德巴赫猜想"的人。

闵嗣鹤教授1913年3月25日生于北京，祖籍江西奉新。他的祖父闵少窗是清朝的进士，曾任大名府知府。1925年他考入北京师范大学附属中学。1929年夏，同时考取了北京大学和北平师范大学（后改名为北京师范大学）

的理科预科，考虑到学费低离家近，他选择了后者。1931 年，他升入本校数学系，在学习期间就发表了 4 篇论文，在校期间他曾负责编辑本校的《数学季刊》。1935 年，他以优异的学习成绩毕业。由于家境困难，从 17 岁开始，他就一直在中学兼课。大学毕业后由老师傅种孙教授介绍到北平师范大学附中任教，当时就发表了一篇优秀的数论论文《相合式解数之渐近公式及应用此理以讨论奇异级数》。清华大学杨武之教授发现了这位才华出众的青年，立即于 1937 年 6 月聘请他去清华大学数学系当助教。卢沟桥事变后，清华大学南迁，他在西南联合大学工作 8 年。

1945 年 10 月，闵嗣鹤教授考取了英国牛津大学的公费留学生，在著名数学家蒂奇马什（E.Ch.Titchmarsh）指导下研究解析数论。由于他在黎曼 Zeta 函数的阶估计这一著名问题上取得了优异成果，1947 年获得博士学位。随后他赴美国普林斯顿高等研究院做研究工作，并参加了数学大师外尔（H.Weyl）的讨论班。在短短的一年中，他又取得了丰富的研究成果。1948 年秋，他毅然回国，历任清华大学和北京大学教授。

像闵教授这样资历的人，在当时的中国，屈指算来，除了华罗庚先生能够与之相媲美之外，就没有其他人了。所以，闵嗣鹤教授当然是审核景润舅舅"哥德巴赫猜想"的最佳人选。

1965 年，景润舅舅证明了 (1+2) 这个命题，所写出的论文厚达二百多页。这对审核者带来的精神负荷与压力，那是可想而知。

徐迟在《哥德巴赫猜想》报告文学中，有这么一段的描述："闵嗣鹤老师给他细心地阅读了论文原稿。检查了又检查，核对了又核对。肯定了他的证明是正确的，靠得住的。他给陈景润说，去年人家证明（1+3）是用了大型的、高速的电子计算机。而你证明（1+2）却完全靠你自己运算。难怪论文写长了。太长了，建议加以简化。"

按照闵嗣鹤教授的建议，景润舅舅又开始了数年艰难的跋涉，终于完成了被诗人徐迟称为"抽象思维的牡丹"的论文。

在《哥德巴赫猜想》报告文学中，还有一段这样的叙述：

"这篇论文极不好懂。即使是著名数学家，如果不是专门研究这一个数

学分枝的，也不一定能读懂……"

"……能攀登到这样高深数学领域去的人，一般说，并不很多。"

"……但闵嗣鹤老师却能够品味它，欣赏它，观察它的瑰丽奇秀。"

从《哥德巴赫猜想》这篇报告文学中，我们也多少窥见了景润舅舅关于"哥德巴赫猜想"的论文的难度。同时，也知道闵嗣鹤教授才是那最有资格审核他论文的人。

1966 年，《科学通报》第 17 卷第 9 期（5 月 15 日出版）上发表了陈景润的著名论文《大偶数表为一个素数及一个不超过二个素数的乘积之和》的简报。景润舅舅一拿到这期通报，首先想到的是他的闵老师，他在杂志封面上端端正正地写上了：

敬爱的闵老师：

　　非常感谢您对我的长期指导，特别是对本文的详细指导。

学生：陈景润敬礼

1966.5.19

此后，"四人帮"猖獗横行，国家深陷"文革"的动乱中。景润舅舅又花费了 7 年的时间，耗费了常人难以忍受的精力和体力消耗，将自己的论文进行简化。也是这篇简化论文，给闵嗣鹤教授的身体健康，带来了一定程度的影响。

闵嗣鹤教授部分著作

1972 年的寒假，景润舅舅把自己心血的结晶——厚厚的一叠简化论文的原稿送请他最信任的闵老师审阅。当时闵嗣鹤的身体已经很不好，心脏病经常发作，需要注意休息。但他知道陈景润的这一成果是对解析数论的一个历史性的重大贡献，是中国数学界的光荣。因此，不顾劳累与疾病，逐步细心审阅。闵嗣鹤教授的心血没有白费，这份简化证明审核的最终结果，使他高兴极了。他看到在全球激烈的竞争中，中华人民共和国自己培养的青年数学家陈景润，在解析数论一个最重要的问题——"哥德巴赫猜想"的研究上，终于又一次回到了世界领先地位。

景润舅舅的论文在 1973 年第二期的《中国科学》上全文发表，立即在国际数论界引起了轰动。睿智的闵嗣鹤在欣喜的同时，十分冷静地指出：最终解决"哥德巴赫猜想"的问题，还要走很长的一段路。

1973 年 10 月 10 日，也就是景润舅舅（1+2）论文发表的当年，闵嗣鹤因心脏病逝世，享年 60 岁。他一生中学术成果很多，而人们最熟悉的莫过于徐迟在《哥德巴赫猜想》报告文学中所讲述的故事。在景润舅舅摘取"哥德巴赫猜想"顶峰的明珠登攀之路上，像许多前辈科学家一样，闵嗣鹤也是一架"人梯"。

听到闵嗣鹤教授去世的消息，正在北京医院住院的景润舅舅无法接受，悲痛欲绝。

"关心我，爱护我的老师走了……"景润舅舅泣不成声地反复说着这句话。

在闵嗣鹤教授的遗体告别仪式上，舅舅默默地哭了很久很久。他说不来那些华丽的感谢辞藻，只是用自己的眼泪默默地表达自己惋惜和怀念。

闵嗣鹤教授去世的许多年之后的 1984 年夏天，一位德国的数学家访问中国，慕名找到景润舅舅。在不用翻译的情况下，他们之间坦然相谈。当一起讨论攻克"哥德巴赫猜想"问题时，景润舅舅又哭了，而且哭得很伤心。来访的外国朋友并不感到突然和意外，只是静静地坐在一旁，默默分担着这位数学同行的忧伤和悲痛。当时，景润舅舅的助手李小凝也端坐一旁，他没有劝解，也不知道怎样劝解。这是李小凝第一次看到景润舅舅流眼泪，听到景润舅舅那令人心碎的哭声。

第四辑 发自内心的感恩

此师友。讲究师道渊源，我跟众数学界里跟评一定的成果，是和着教育分不开的。我不由地想到了王亚南校长、李文清教授和教师计算集，怀念众的老师计算集。进众寿……我一方面刻苦自治，加倍恢复我的健康。一方面安好科研工作，努力攻克数学思源，我愿在数学领域里取得一定的成果，是和着教育分不开的。写论文。读书。攀研究生。我想是有生之年，不断拼搏，继续攀登。关不止。革命不息。坡

景润舅舅泪眼中流淌出了对于闵嗣鹤教授这位科学先辈的深切追思。也许，他也在感慨，自己的有生之年恐怕不能最终解决"哥德巴赫猜想"了！

景润舅舅与闵嗣鹤教授的交情，已经不仅仅是师生之间的感情了，他们是为了中国数学在世界的领先地位而共同奋斗的战友。闵先生为了景润舅舅能够攀登"哥德巴赫猜想"的顶峰，宁愿成为一架"人梯"，成就景润舅舅的辉煌。而景润舅舅也在后来的身体力行中，传播着与闵嗣鹤教授同样的奉献精神，成为下一辈科研工作者的"人梯"。正是有了一代又一代的中国科学家奋不顾身的奉献精神，才使得我们伟大祖国在科技领域的许多方面，处于世界的领先地位。

陈景润

追忆舅舅

景润舅舅与李尚杰

李尚杰书记军人出身，做事果断。他与景润舅舅原本就像两根蜿蜒的铁轨，有着各自延伸的方向。然而机缘使得他们在一个点上发生了交叉和粘连，这就是中科院数学所五学科。在这里，景润舅舅时时感受到李尚杰书记传递出的关心与帮助。在他眼中，李尚杰书记是领导，更像是兄长。

景润舅舅平日工作生活在一个 6 平方米的小房间，从来不肯轻易对人开门，倒不是因为他觉得自己的房间太简陋了，不好意思接待来访者，而是惜时如金，无关紧要的人来拜访，他实在陪不起耗不起。

然而，这扇门，对一个人永远都是敞开着，那就是李尚杰书记。

1972 年 9 月，李尚杰书记从中国科学院院直组调到数学研究所五学科研究室担任党支部书记。在此之前，他曾担任过第二野战军政治部的干事。

数学所五学科研究室，被人们认为是"白专"分子、反动学术权威、现行反革命、反革命小集团的聚集地，许多人都不愿意到这从事政治工作，更不要说到这担任党支部书记了。

在没调到五学科前，李尚杰书记就知道大家传闻中的"科学怪人"——陈景润，他也一直想找个机会见见他。

至于他怪到什么程度，也心里没数。

有人专门向他介绍陈景润的情况。

"这个人，三十好几了还没有成家。大家都传闻他做了许多人们不理解的重大数学课题，据说是搞死人、洋人的东西。"短短几句话，让李尚杰书记如坠云雾。他是数学研究的行外人，今后将要在知识分子成堆的研究所从事政治工作，初来乍到，最先听到的便是"陈景润是一个怪人"的说法！

到研究所后，李尚杰书记在探访数学所元老田方增教授的时候，才明白人们所说的所谓"陈景润搞死人、洋人的东西"是"哥德巴赫猜想"。他同时也了解到，陈景润已经在这个证明上有了结果。

离开田方增教授家时，田老拉着李尚杰书记的手感慨地说："陈景润脾气很怪，但业务能力很强。听北大数学系的闵嗣鹤教授讲，他在'哥德巴赫猜想'方面的研究已经推进到了（1+2），1966年《科学通报》已经公布过（1+2）的简报，闵老也证实是对的。据说，他已经简化了（1+2）的证明，但是迟迟不拿出来。他是所里的专政对象，被批斗过、也被关过，至今心有顾虑。你有空应该找他聊聊，听听他的想法。"

听完了田方增教授一番话后，对于景润舅舅的情况，他心里多少有些底了，并准备对陈景润做一次更深入的了解。

"你们觉得陈景润怪，他到底是怎么怪的呢？"李尚杰书记直截了当地向景润舅舅身边的人打听了解。

"陈景润是个书呆子，除了读书，什么也不知道，生活自理都有困难！"

"陈景润是个数学迷，只要钻进去，命都不顾的。"

"陈景润曾是白专典型，被批判为修正主义苗子，搞古人、死人、洋人的东西，没有实际意义，纯粹是寄生虫！"

"陈景润啊，他是一个老病号，千万别去他的房间，他有肺结核，会传染的。"

"陈景润属于比较顽固的白专，改造他不容易，必须触及他的灵魂。"

对景润舅舅的评价众说不一，但从这些的调查谈话中，李尚杰书记慢慢的心里有数了，他计划着要与陈景润做"正面交锋"。

李尚杰（图1前左二，图2前左一，图3前右二，图4前左二，图5前左二）陪同陈景润及其夫人由昆回乡时与陈景润故乡亲人合影

追本溯源，我能在数学科学领域里取得一定的成果，是和老师们的栽培教育分不开的。此刻，我不由地怀念已故的王亚南校长，还念我的老师陈景润，一个又一个老师在我的脑海中浮现……近几年，或一万般诗情画意，或一细细思量的倾诉，一方面鼓舞着我为论文、谓书、等研究工作，更添信心。我想活在这个世界上，不顾科博，继续攀登，是不止……

131

李尚杰书记的办公室在数学所的 428 房间，隔壁的 427 房间是所里的资料室。他经常看见一个身体瘦弱的人，穿着棉大衣，双手插在大兜里，低着头从他的办公室前慢慢走过。

"秋天就开始穿着棉大衣，每天按时去数据室的这个人就是陈景润。"办公室的同志指着背影对李尚杰书记说。

在没有完全确认每天从他办公室走过的人就是陈景润之前，李尚杰书记心里也觉得，见到的这个人的确有点怪，至少行为举止相对于平常人来说，是有些不一样。

第一次"召见"景润舅舅，李尚杰书记是通过数据室的关大姐。

一天，李尚杰书记请资料室的关大姐通知陈景润到自己的办公室来一趟。当景润舅舅到李尚杰书记办公室时，他热情地招呼景润舅舅坐下。可是景润舅舅却不敢坐，只是一个劲儿地说："谢谢李书记，谢谢李书记……"

看他一直站着，李尚杰书记也不好意思坐下。于是，谈话开始时两个人都站着。说着说着，李尚杰书记再次招呼景润舅舅在茶几旁坐下，他仍然还是不坐，反而坚持让李尚杰书记坐下。李尚杰书记执拗不过，只好坐了下来。就这样，他们两人一个站着一个坐着说起了话来。

"听说你前几天发烧了，好了吗？"

"好了，我经常发烧，没关系的。"

"那怎么行，你得去看病啊！"听了景润舅舅的回答，李尚杰书记有些惊讶。

这个陈景润确实是有点怪，李尚杰书记心里想。

"我已经看过了，没事的，医生给开了药，蛮好，蛮好！"景润舅舅觉得在领导面前要说实话。

"那你可要按时吃药，早点治好病，总发烧不是好事情。"李尚杰书记的话语中饱含了兄长般的亲情。

"谢谢李书记，谢谢李书记……"太多的感情言辞，景润舅舅是表达不出来的。这么多年一个人在北京，能得到像今天这样的关心真不多。这次谈话，谈的最多的是他的身体，这让他确实感动不已。

临别前，李尚杰书记突然提出："下班后你是否可以带我去你的房间看看呢？"

听到李尚杰书记这个要求，他敏感地慌了一下，连忙回答："好，好，好，我在88号楼门前等你。"

说来也奇怪，从来没有人提出到他的小房间看看，今天李尚杰书记与他第一次接触，就提出这个要求，景润舅舅十分纳闷。自从1968年被造反派抄家，成为专政对象后，他就决心在这个小房间内，不再为任何人开门了。听到李尚杰书记要到小房间看看，在他潜意识中是不行的，但又觉得不便谢绝，那只是违心的同意而已。

景润舅舅答应得很爽快，可能这就是人们说的缘分吧！

"你不用专门在楼下等我，我去找你，我知道你的房间号。"李尚杰书记和蔼地说。

"不，不，我等你！不然你会找不到的。"景润舅舅固执地说。

"好吧，好吧！"顿时，李尚杰书记觉得站在面前的陈景润是那么的可爱。

告辞后，景润舅舅回去将小房间打扫了一遍。当李尚杰书记走进小房间，空气中还是弥漫着淡淡的尘土气味，刚换的崭新蓝白格床单铺得皱巴巴的，宽大的床单布边还拖在地上。

景润舅舅客气的示意李尚杰书记坐到床上。

李尚杰书记没有坐下来，站在那里仔细打量房间。小房间拐弯角放着两只麻袋，里面装着满满的稿纸，窗台上堆着一堆药瓶和空的奶瓶，桌上放着两只竹壳的暖瓶……

初秋的傍晚，窗外的阳光还没有褪尽，但是小房间已经暗淡下来了。李尚杰书记这才发现，窗子的玻璃破了，上面钉着三块木板。木板用报纸和牛皮纸糊的严严实实，窗外的光线全被遮挡住了。

天黑下来了，李尚杰书记习惯性地去开灯。这时，才发现房间没有灯。

"怎么？电灯呢？"

"原来有的，因为，我在专政队跳过楼。他们怕我还会跳楼，就把窗户封死了。害怕我触电自杀，便把电线给剪了。"

1. 李尚杰近照；　2. 李尚杰、陈景润、由昆合影；
3. 李尚杰、陈景润、由昆等在福建师范大学。

"那现在为什么不找人修一下呢？没有电灯，你用什么照明。"

"用煤油灯啊，蛮好的，我小时候也是用煤油灯，这楼上有人用电炉，一停电，总要挨家检查电炉，我屋里不通电，又没有插座，所有从来没有人查我，省了好多麻烦呢。"

李尚杰书记被景润舅舅既懦弱、又倔强的性格感动了，觉得自己有责任来帮助这个善良的知识分子。他想，至少必须适当改善研究数学的基本条件。在这样的年代，科研人员连电灯都用不上，简直是天大的笑话。

"这窗户上的三块木板应该拆了，玻璃破了用纸糊怎么管用，夏天怕雨淋，冬天不挡风……"李尚杰书记体贴地说。

"不用的，我已经习惯了，这样蛮好的，蛮好的。"景润舅舅赶忙说。他怕给人添麻烦，更不想让外人到这房间。

"晚上我去找办公室张主任商量一下，明天请师傅给你装上电灯，再通知木工李师傅，给你换玻璃和纱窗，拆掉这些木板。"李尚杰书记根本不理会景润舅舅的顾虑，马上着手具体安排。

"我不要！我不要！谢谢李书记，谢谢。我这样蛮好，不然，你会挨批斗的。"这时，景润舅舅着急起来了。他不想让这位书记，因为自己而受牵连啊！

"什么批斗，不会啦。就算搞专业是修正主义，学毛主席著作不也是要用电灯吗？再说，你生病夜里吃药，也得看清楚啊。点煤油灯太危险，万一碰翻了，引发火灾，怎么办？"李尚杰书记和蔼、幽默的语气，让景润舅舅感到一阵暖流涌上心头。

在那以阶级斗争为纲的年代，一个领导干部是否会被挨批斗，自己根本不会有底。但李尚杰书记至此于不顾，像大哥一样给景润舅舅坚定的信心，让他安心地搞数学研究，让景润舅舅深受感动。

1972年12月的北京，天气非常寒冷，"晚读毛主席著作"学习班照旧进行。一天晚上，五学科一位青年研究员参加完学习后，在回家时被路过的马车拖出好几米而腿部受伤，幸亏赶车人拉紧刹车，否则，后果不敢设想。

出于安全起见，同时也为大家节省时间考虑，李尚杰书记对政工组组长说："老周，能不能把五学科晚读毛主席著作改为个人在家自学，冬天白天时间短，读到七点，天都黑透了，住得近的还好说，家远的同志很不方便。路远的同志不能在所里食堂吃饭，要等晚读之后回家吃饭，这对大家的身体也不好。"

在当时，学习毛主席著作是高于一切的政治任务，而李尚杰书记却以同志们的身体和安全为理由，大胆谏言停止"晚读毛主席著作"学习班，确实需要非常大的勇气。李尚杰书记也明白，如真真这么做了，有可能要承担被扣上反动帽子的危险。但他爱惜这些知识分子，即使是担风险，也要为这些知识分子争取权利。

李尚杰书记的建议最后被所里一致通过了。

虽然，他的这项提议并非只是为景润舅舅，但景润舅舅感到特别的受益，这样他可以有更多的时间演算数学。在心怀感激的同时，他也为李尚杰书记捏一把汗。

第四辑　发自内心的感恩

"李书记，以后运动来了，会不会批你不重视学习毛主席著作呢？"他悄悄地对李尚杰书记说。

听到景润舅舅这关心的话语，李尚杰书记心里一阵感动，他觉察到，陈景润并非是大家传闻说的那样，是一个只知道数学，不懂得生活的书呆子，他也有细腻的情感啊！

"不会的，我的建议是为了更好、更深入地学习毛主席著作。如果像以前一样搞形式主义，把人的身体搞坏了，甚至出了车祸，毛主席著作还怎么学？毛主席不是教导我们一切从实际出发吗？"李尚杰书记笑着安慰景润舅舅。他就像大哥一样，处处在设身处地地保护懦弱的弟弟。

"这样就好，这样就好，谢谢李书记啊！"景润舅舅满脸灿烂。

1972年12月的一天，景润舅舅牙齿发炎，整个牙床都肿了起来。当时医院的牙科医生少，看病就诊要排很长的队。以他的性格和惜时如金的工作态度，要让他去排队是不可能的。

"明天，你直接去医院，我帮你挂号！"李尚杰书记知道这事后对他说。

"医院就诊的人很多，我去了几次都没排上号。您怎么能挂到号呢？"

"你就不要问了，明天你去了就知道。"

第二天早上，景润舅舅就赶了个大早去了医院，李尚杰书记已经在门口等他。

"啊！李书记，您怎么就来了？"景润舅舅惊讶地问。

"你来了就好，我已经拿到了号，你赶快去看吧！"说罢，扭头赶回单位上班。

原来，李尚杰书记为了帮景润舅舅取到号，一大清早就过来亲自与医生的沟通，还让景润舅舅复查不用挂号。

正是有李尚杰书记这样比大哥还要亲的好书记，景润舅舅的生活才真正得到一些改善。

1973年的春节，李尚杰书记给景润舅舅送来一袋苹果。在那个寒冬季节，景润舅舅还是第一次吃到苹果。他激动地给外祖父写信，兴致勃勃地告诉老人苹果的滋味是酸酸甜甜的，信中还询问福建的冬天能不能吃到苹果。

酸甜的苹果给景润舅舅的内心带来了春天般的温暖，他打从心底感激李尚杰书记。

1982年9月，李尚杰书记因为癌症住进了北京医院。当时在北京医院住院的景润舅舅得知后心急如焚。

"我，我担心李书记的身体，万一他的身体出了问题，可怎么办？我一定要去看他，我一定要去看他。"他对前来看望他的同志反复诉说。说着说着，眼泪不禁流了下来。

在征得医生、护士同意后，赶在李尚杰书记手术前，他带着两斤白糖前去探视。

"你怎么给我带白糖呢？这些白糖是给你的特供啊！你怎么全都拿来给我了。"李尚杰书记感动地握着景润舅舅的手说。

那个年代白糖需要凭票供应，在中科院只有像景润舅舅这类的专家，每月才享有两斤的白糖票。对这两斤白糖的"慰问品"，李尚杰书记感到难以接受。

"没关系的，您生病了应该要吃白糖的，吃药之后吃点白糖，蛮好，蛮好。"景润舅舅根本不懂李尚杰书记患病需要吃些什么，但他拿捏得准，内心有杆秤，知道那时候白糖是非常稀有珍贵。

李尚杰书记也是明白人，知道景润舅舅的单纯与执着，无论他送什么礼都是对自己真心的关怀。于是，他不再推辞了。

几个苹果、两斤白糖，今天看来是多么的微不足道。然而在那个物资匮乏的年代，它却物化为一股强大的精神暖流，悄无声息地滋润着李书记和景润舅舅的心，联通了他们相互之间沉甸甸的友情。

第四辑 发自内心的感恩

景润舅舅与故乡亲人

　　我对景润舅舅的印象，最早是从外祖父家的照片里看到的。那是一个眉目清秀、瘦小体弱的白面书生。小时候，到福州过寒暑假时，有几次在外祖父家见到回家探亲的景润舅舅。后来，我到北京读书，与景润舅舅多了一些相处，才逐渐了解他。实际上，景润舅舅跟外祖父有许多相似之处。

　　在这我要特别说说我的外祖父陈元俊。

　　在我上小学起，每年假期母亲或一些回福州探亲的叔叔、阿姨，几乎都要带我从闽西连城回福州仓山区朝阳路东尤街一号看望外祖父、外祖母（母亲的继母）。每次进外祖父的家门，他总是装模作样地闭上眼睛，嘴里吧唧吧唧地不知咀嚼着什么东西。有一次，外祖母带着我走到老人跟前拍着他的肩膀说："你还不睁开眼看看，你的大外孙来看你了。"说罢，她向我眨了眨眼悄悄地给我做个动作，让我去拔外祖父下巴几根稀疏的小胡子。于是，我蹑手蹑脚地走上前轻轻地拔了拔他下巴的小胡子。他无动于衷地闭着双眼嘴里说："哦！我知道了，不就是雅英（母亲的小名）的大儿子宋力来了吗！"说罢，他慢慢地将眼睛打开，笑眯眯地望着我，将我搂过去哈哈大笑起来。

　　外祖父的房间一般是不让人进去的，甚至连外祖母也很少进去。但每次到福州外祖父家，他总是会带我到他的小房间玩。房间的桌子上堆满许多杂物，床上的被子似乎从来就没有折叠过，床头边堆满许多发黄的线装书。长大后，我才理解外祖父是一个爱读书之人，爱读书的人总会喜欢一些旧书，也总会随意地摆放。到了景润舅舅的小房间看后，我才觉得与外祖父的小房间是多么的相似。也许景润舅舅就是遗传了外祖父这个爱读书的基因，成为了人们眼中的书呆子吧？

外祖父有吸烟的习惯，在他的房间总是能闻到一股呛鼻的烟草味。房间书柜上除了书之外，摆放着许多瓶瓶罐罐，里面都是各色的糖果、小饼干和花生糖。每次他都会给我一些小小的奖励，不是小饼干就是花生糖。

外祖母看我兴高采烈地拿着这些小礼物走出房间，她很快就将这些东西夺了过去，爱怜地对我说："不要外公的东西，那些东西放了很久，不卫生。"

外祖父每天总要到街上的茶馆喝茶，有时也会带着我一块去。茶馆内都是老人，大家见到他都非常的客气，而他却对大家冷冷淡淡的。可是当一些老人问到我时，他会很自豪地大声介绍说："这是我的大外孙，从闽西山区回来。"

在我的印象中，景润舅舅也像外祖父，嘴里常常吧唧吧唧的嚼着东西。

一次，我好奇地问景润舅舅嘴巴嚼什么，他将口张开让我看，哦！原来是他喝剩下的茶叶渣。有时候，发现他口袋里还会发一些水果糖之类的小食品。一次，他从口袋掏出一块奶糖给我。拿过来一看，奶糖上的纸与糖块紧紧地粘在一块了。我正要将奶糖纸撕开，他笑着说，不要紧，放到嘴里，纸和糖不就分开了吗！现在想起来，就像当年外祖父给我小礼物时的场景一样。

景润舅舅向来就是不注意仪表、不修边幅，也不擅长与人打交道的人，这一点，与外祖父特别相像。由此使他能把所有的时间倾注在科研攻关上。他对数学有着无穷的兴趣，忘记了自己也应该入流随俗，打扮体面，与人交好地生活着。长大后我对他有了充分的理解，他这种为了确定的目标，不惜付出百分之百的努力去实践的毅力和百折不挠的精神，也成了我不断追求、不断进取的精神楷模。

福建家乡的人民没有忘记这位伟大的数学家。在闽侯城门乡胪雷村，庄严、高大的陈家祠堂里灯火通明，这里除了供奉着一个个先人的牌位外，在

陈景润的故乡胪雷村的陈氏祠堂

祠堂正门上高悬着一块巨大的牌匾，上面写着四个大字"陈氏定理"。福建为有陈景润而感到骄傲。福建师大附中、厦门大学因是陈景润的母校而感到无比的自豪，福州因陈景润是当地人而感到无上容光。

1991年夏末秋初，景润舅舅结束了在长白山的短期疗养，在由昆舅妈的陪同下，应邀回到福州，参加中学母校英华中学（现福建师大附中）建校110周年庆祝活动。

对于母校他有难以割舍的情感。在这里他知道了世界上有一道200多年未被攻克的数学难题"哥德巴赫猜想"。这一生中，为攻克这道难题，他顽强地工作，甚至连献出自己的生命都在所不辞。

就在这次到福州的几个月前，厦门大学70周年校庆的时候，他给厦门大学母校写去一封热情洋溢的贺信：

陈氏宗亲立于陈氏宗祠正门上面的牌匾"陈氏定理"

欣逢母校七十华诞，请接受我——一个科学工作者、老校友的衷心祝贺。祝我校厦大百年树人、树木，桃李多芬芳，枝叶更茂盛；永远矗立东南海滨，以崭新的开放姿态，面向世界，面向未来。时光如流，屈指我离开母校已三十多个春秋。饮水思源，我能在数学科学领域里取得一定的成果，是和母校的培养教育分不开的。此刻，我不由地怀念已故的王亚南校长，怀念我的老师方德植、李文清教授和数学系的师友，怀念全校师生员工、新老校友。记得我在母校六十周年校庆之际，曾有幸返校参加活动，情景历历如昨。遗憾的是八十年代大部分时间，我是在病榻中度过，现在还在治疗之中，致使今次不能再度返校与师友们同欢共庆，只好写信表示一点思绪与怀念之情。近几年，我一方面坚持治疗，加强恢复功能的锻炼；一方面坚持科研工作，写论文、读书、带研究生。我想在有生之年，不断拼搏，继续攀登，"生命不息，攻关不止"。我很高兴母校四十年来，不断发展壮大，成绩斐然，真是长江后浪推前浪，人才辈出，蔚为国光，在海内外享有盛誉。全国政协副主席，我们中科院第三任老院长卢嘉锡先生就是母校的杰出代表，是我们后学的楷模，母校的骄傲。在此我要向敬爱的卢先生致敬，向关心我的师友们致敬，特别要向来自海外，以及港、台旧友新知表示亲切的敬意与问好。乘北京校友代表返校之际，托他们带去磁芯，带去一颗赤子之心，敬祝母校——"南方之强"发扬光大，万古长青。

这封 500 多字的祝贺信，流露出远方的游子情系家乡、情系抚育培养成

141

才的母校和老师的拳拳之心。景润舅舅并非是不识人间烟火的所谓"怪人"，他通人情、懂世故，与其他人一样，对于母校同样有着深厚的情怀。

早在1981年，作为英华中学的优秀代表，他曾经回到福州参加了中学母校100周年校庆。转瞬10年，他的身体状况已经大不如前。严重的"帕金森综合征"使他行动不便，手指颤抖。

1991年3月，福建师大附中校长在北京参加全国物理学会期间，参加在京老校友的聚会，商议筹备建校110周年的校庆方案。当时身患帕金森综合征多年的景润舅舅，冒着春寒，坐着轮椅来到西直门福州会馆，在场的校友无不为之动容。

考虑到景润舅舅身体状况，校友们劝他不要到福州参加校庆，写封贺信就可以。但是，执拗的他却坚持要参加。他认为，母校的校庆是非常重要的，身体的病情不能成为缺席的理由。为了满足舅舅的愿望，几经协商，校友会决定邀请由昆和李尚杰书记一块参加校庆，以便随时照顾他。

景润舅舅回到福州的活动行程非常紧张，除了参加校庆活动之外，他还要到阔别多年的老家——城门镇胪雷村，看望那里的父老乡亲，拜祭列祖列宗。

10月1日，淅淅沥沥的小雨从早到晚下个不停。8点多钟，几乎全村的男女老少都走出家门，冒雨等候在村头。当景润舅舅一行乘坐的车在村头一停，大家都拥了上来。人群中有白须皓首的老人，有活泼可爱的孩童。他激动地眼圈红了，不断向大家点头致意。人们用福州话亲切地高喊着"景润，景润"，人群中，还有人在呼唤着他的乳名"九哥"。

从停车的位置到祠堂大约有两三里路程，路窄车无法前行，身边的同志担心他的身体走不了这么长的路。但他情绪亢奋，完全忘记了病痛，在大家的帮扶下，坚持在雨中走了两三里路。

祠堂门前，村里的孩子穿上节日的盛装等候在那里，白衬衫、蓝裤子、彩带、花束。震耳欲聋的锣鼓声和鞭炮声，使寂静的村庄顿时沸腾起来。乡亲们用最高规格，接待着人们心目中的英雄。祠堂正门上高悬着一块巨大的牌匾，上书四个大字"陈氏定理"，这是家乡人给予陈景润的最高荣誉。景润舅舅见到这块牌匾惴惴不安，连忙说："这不合适，不合适。"但是在家

陈景润及其夫人由昆返乡后在胪雷陈氏宗祠祭拜，并受到了胪雷宗亲的热烈欢迎

“饮水思源，我能在数学科学领域里取得一定的成果，是和母校的培养教育分不开的。此刻，我不由地怀念已故的王亚南校长、怀念我的老师方德植、李文清教授和数学系的师友……近几年，我一方面坚持治疗，加强恢复功能的锻炼；一方面坚持科研工作，写论文、读书、带研究生。我想在有生之年，不断拼搏，继续攀登，‘生命不息，攻关不止’。……”

乡人的眼里，"景润九哥"为祖国、为家乡争了光，他所取得的成就是世界公认的，把它高悬在祠堂门上是最合适的。

回到家乡几天来，景润舅舅每天都处在高度兴奋之中。事后，在接受记者采访的时候，平常不善言谈的他，那天却对记者讲了一大段话："过去，福州的房子大多用木头搭建。风吹雨打后就会东歪西斜，所以只得用木棍支撑，形成了无数条的'参考线'。现在，不但'参考线'不见了，还建起了一幢幢高楼大厦。我的老家，不少人都盖了三四层的小楼，比京城里的部长住得还好呢！"

在胪雷祠堂欢迎景润舅舅活动完毕后，他开始去亲友家做客。按福建农村的风俗，为远方的贵客接风要吃"太平面"，满满的一碗线面，上面是肉和两个煮熟的蛋。由昆舅妈被这些满盛的线面给吓了一跳。啊！这哪吃得完呀！景润舅舅笑着向她解释："由，没关系，不一定都要吃完的。你只要将每个蛋咬上一口，再吃一口面线就行了。记住，到了每一家都是这样的。"想不到，景润舅舅离开家乡几十年，但对家乡的风俗仍然这么了解。更让人惊讶的是，他竟然表达得如此清晰。这充分说明，他对家乡情深意长。

提起这次回乡的经历，由昆舅妈至今感触很深。

"家乡父老乡亲的热情让我非常感动！真没有想到，这么多年没回去，家乡人对先生的感情是那么的深厚。他们对先生的成就看得很重、很重啊！他们肯定不能读懂先生的成果，也不可能知道什么是哥德巴赫猜想，但是他们知道先生为中国人争了光，为福建人争了光，为胪雷村的父老乡亲争了光。所以，他们尊敬他、爱护他。"说罢，由昆舅妈不禁流下感激的泪水。

10月2日，福建师大附中110周年校庆暨侯德榜塑像揭幕典礼正式举行。景润舅舅挣开了别人的搀扶，满脸微笑挥着手，颤颤颤颤地走在校园夹道欢迎的队伍中。在人们的加油鼓励声中，他坚持走完几十米的路程。人群沸腾了，"欢迎、欢迎"的呐喊声响彻校园的上空。

当我再次观看当时拍摄的照片和录像，景润舅舅那顽强的毅力和精神，感动的泪水情不自禁地夺眶而出。

上午九时半，他走上主席台，对着话筒用含混不清的语音向大家问候："我，我很高兴，很高兴，今天又回来了！"刹那间，全场响起雷鸣般的掌声和欢呼声。掌声渐落，他又对大家连声说："谢谢，谢谢，大家好，大家好。"全场又响起热烈的掌声。紧接着，由昆帮助宣读了景润舅舅的书面发言。

> 我会永远铭记老师的培养教育，希望老师们多多保重，为教育事业做出更大的贡献……我衷心希望同学们牢记'以天下为己任'的校训，为报效祖国而努力攀登科学高峰。只有祖国强盛起来，我们中国人才能真正顶天立地。希望同学们能尊师爱校，我无论走到哪里，都会为我的母校而自豪，也希望同学们能够德智体全面发展，不要像我这样未老先衰……我坚信同学们一定会'青出于蓝而胜于蓝'。看到母校学生接连在国际奥林匹克物理竞赛、信息学竞赛中捧回金牌、银牌，为祖国争光，为母校争光，真了不起，我实在高兴。

虽然，我当时没有亲临那场面，但事后听一些参加大会的同志描述说，当时那场面可以用震撼来形容，当陈景润一出现，全场简直就是沸腾起来。在人们的欢呼声中，有不少学生喊出陈景润精神万岁。

陈景润在年轻人中的威望是有多高啊！

听了这一段介绍，不禁让我想起 1989 年北京天安门事件中，社会传闻的一件事。

当时，许多学生聚集在天安门广场绝食已经好几天了，各学校想尽一切的办法劝说学生放弃绝食，但都无济于事。在百般无奈的情况下，有人提议，用广场的高音喇叭对学生喊："陈景润来看望同学们了，他希望同学们保重身体，放弃绝食。"

据说，当广场喇叭播出后，整个广场沸腾起来，许多人奔走相告："陈景润来看望我们了。"甚至，还有许多人高喊"陈景润万岁"的口号。

果然，这方法起到很好的效果。许多绝食的同学都端起了饭盒。

对这传闻，我没有认真地去考证过。但从中可以看出陈景润在学生心目中的地位。

事后我问景润舅舅："天安门事件的时候，你去那里看望学生了？"

"我不能走，怎么去看他们呀？但是同学们不吃饭，我是非常着急的，

145

不吃饭会死掉的。国家培养一个大学生多么不容易。"他感叹地对我说。

结束了校庆活动，当天傍晚，应时任福建省委书记陈光毅同志的邀请，景润舅舅与一些福建籍著名科学家来到西湖宾馆。

"景润，你还认得我吗？"陈光毅书记一见到景润舅舅，就热情地迎了上去亲切地问。

"你，你比过去更年轻了。"景润舅舅张着嘴憋了一会儿，艰难地对陈光毅书记说。

大家都落座后，陈光毅书记关切地询问景润舅舅的健康情况。由昆舅妈简单地向陈光毅书记介绍了景润舅舅"帕金森综合征"的病情。在场的国际问题研究所研究员薛谋洪对陈光毅书记说："福建中医学院党委书记朱旭同志也是师大附中的校友，他表示如果陈景润同志愿意留在福建治病，他们将尽最大努力。"

"谢谢你们！谢谢你们！"景润舅舅坐在一旁连声道谢。

"就怕给你们添麻烦。"由昆舅妈客气地说。

"陈景润同志不仅是福建的骄傲，也是我们国家的宝贵财富，是国宝啊！关心他的健康是我们应尽的义务。"说罢，他转身交代身边的秘书，尽快帮助落实陈景润同志在中医学院治疗和疗养。

40 年前，家乡土地的哺育，使景润舅舅走上了攀登数学高峰的艰难旅途。如今身患重病，又是家乡人民一往情深，关怀备至。陈光毅书记动情的一番话，

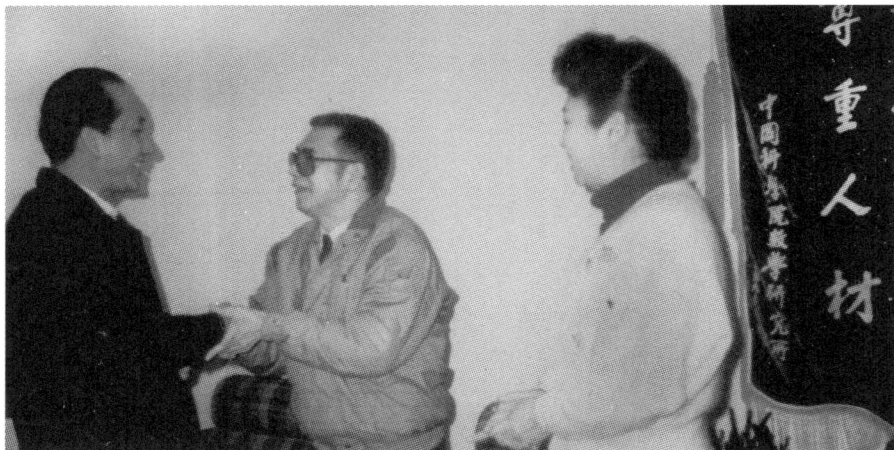

时任福建省委书记的陈光毅（左一）看望陈景润和夫人由昆

让由昆舅妈感动的说不出话。

在福建省委、省政府的亲切关怀下，校庆活动一结束，景润舅舅就被安排住进福建中医学院闽台交流中心（国医堂）接受治疗。

自1991年10月至1993年11月，在这两年多的时间里，景润舅舅先后两次在福建中医学院国医堂治疗，治疗时间共达15个月之久。福建省委、省政府为他提供了很好的治疗环境和条件，省财政专门拨出几十万元的治疗费用。

1991年10月至1992年2月，景润舅舅第一次在中医学院进行为期四个月的治疗。

尽管"帕金森综合征"是世界医学界未解的难题，但中医学院从收治景润舅舅那一天起，就开始了一场与医学"哥德巴赫猜想"的挑战。学院专门成立了以院长杜建同志为组长的专家治疗小组，对景润舅舅进行全面系统的中西医结合的综合治疗。与此同时，福建省卫生厅动员了全省的医学专家、教授，并邀请在国内有很高知名度的专家、教授，定期进行身体机能的会诊。在全面会诊的基础上，认真研究治疗方案，适时调整治疗的手段和用药。

为了照料好景润舅舅的生活，学院选派了经验丰富的护师、护理员，全天候的观察他的病情变化，及时检测他的心跳、血压，随叫随到，服务的极为热情和周到。在饮食调配上，专门制定味道可口、营养调配的菜肴，做到精中有细。

景润舅舅在福建中医学院治疗的消息，很快在福建八闽大地不胫而走。许多与他熟悉或不熟悉的同志，从四面八方纷至沓来。一些老同学、老朋友要来看望他，数学界的同行要来向他请教，许多年轻人想一睹著名数学家的风采。除此之外，打电话表示问候的，写信探讨问题的更是数不胜数。

为了保证景润舅舅安心治疗和调养，福建中医学院特意在他的病房外安排了值班人员，严格控制前来探望的人数。

热情好客的景润舅舅，对前来探望的客人非常热情。不论是省里的领导、亲朋好友，或者是素不相识的陌生人和青年学生，他都热情接待，礼貌待客，反反复复地说："谢谢大家！谢谢大家！"

经过四个多月的精心治疗，景润舅舅的身体状况有了很大的好转。在不用人搀扶的情况下，能够独立行走。为了早日恢复健康，他坚持在病房宽大走廊上进行简单的锻炼，每天早晨坚持行走数百米。在医生、护士的鼓励下，他像个听话的孩子，即使走累了也会再艰难地迈动几步。在离开福建时，他可以独自行走一公里。那天，他要离开福建返回北京，许多同志前来向他话别。大家见他满面红光、精神焕发，笑着对他说："陈教授，您现在能够自己走了，飞机着陆后，您可以自己走出机舱，向迎接您的同志挥手致意了。"

没等大家把话说完，他就高兴得像个天真的小孩，背起一个军用挎包，带上帽子，走到衣柜的镜子前面，对着镜子做着向大家挥手的样子。看着镜子里自己的形象，他忍不住"呵呵"地笑出声来。

1992 年 2 月，景润舅舅回北京家中过春节。

想不到，1992 年 4 月 13 日，景润舅舅不小心在家中卧室滑倒。这次飞来的横祸，导致左腿股骨颈骨骨折，对他的身体康复造成很大的影响。

景润舅舅摔伤后，被紧急送到中关村医院治疗。4 月 26 日，中科院专门邀请北京积水潭医院骨科专家刘军教授，为他实施股骨颈骨更换股骨头的手术。手术进行的当天，中科院数学所党委书记李福安博士和由昆舅妈一直守候在手术室外。

专家、教授的精湛技术，使得手术非常成功。

在他住院期间，中央组织部、统战部有关负责同志先后到医院慰问。1992 年 8 月，中央书记处书记温家宝同志到医院，亲切慰问景润舅舅，并认真地向医护人员询问治疗情况。

虽然景润舅舅骨科手术非常成功，治疗和护理也非常及时，但却严重影响了他的"帕金森综合征"的治疗，已经开始恢复的语言功能又丧失了，嘴里只能发出"吱吱、哈哈"的音节，除了由昆舅妈和他的学生外，没有人能够理解他的语言。为了恢复骨胶，他一直卧床，腿部肌肉已经严重萎缩，行走变得更加困难。

福建省委、政府知道景润舅舅受伤的消息后，于 1992 年 9 月底，再次邀请他到福建中医学院做进一步的康复治疗。时任省委副书记袁启彤同志，每次受时任厦门大学福州校友会会长潘心城同志（左图左一）邀请，陈景润及其夫人由昆参加厦门大学福州校友会活动，并与厦大老校友合影。

见到我总是问景润舅舅的身体状况，并一再动员我说服景润舅舅到福建治疗、疗养。经请示中科院同意并得到309医院支持，由昆舅妈再次陪同他一块到福建。

1992年10月，景润舅舅第二次到福建中医学院进行治疗。

厦门大学福州同学会的校友们，得知景润舅舅回到福州，非常高兴，决定宴请他及其夫人。景润舅舅当时进食都已经不太方便了，但盛情难却，他欣然同意参加校友活动，并受邀担任厦门大学福州校友会的荣誉会长。当他乘坐的车缓缓驶进聚会地点时，所有参加聚会的校友们都已列队在门前迎候。时任福建省财政厅长兼厦门大学福州校友会会长的潘心城同志连忙跑上前拉开车门，一手紧紧地搂住景润舅舅的腰，一手托着他的双腿，将他抱出小车。这时，有几位校友前来帮忙。潘心城会长动情地对大家说："不用了！还是由我来吧，不能让我的老兄受累啊！"说罢，他托抱着景润舅舅登上台阶，走进会场，平稳地将他放在沙发上。

潘心城同志对景润舅舅感情非常深，每次到北京开会，工作再忙也都要抽出时间去看望景润舅舅。他对景润舅舅敬若神明、推崇备至。

景润舅舅去世不久，潘心城同志非常神秘地问我："宋力，你舅舅火化时，你在帮助装骨灰，有没有发现舍利子？"

"哦！没有发现啊！"我茫然地望着他。

"不对！肯定有。在我想象中，他的身上一定会有舍利子的。"他非常肯定地说。

望着他那认真、严肃的表情，我真不知该如何回答。可以看出，他对景润舅舅是多么的崇敬。

第二次到福建中医学院治疗，考虑到他吞咽困难，学院专门交代餐厅煮些细软、易消化的食物。另外为他专门加工了福州的家乡菜。每次服务人员征求他对饮食的意见和要求时，他总是一再表示："蛮好，蛮好，谢谢，谢谢你们。"他饭量不大，为了保证他随时能够进食，餐厅每天都准备了一些点心。有时这些食品吃不完，工作人员准备扔掉，他总是认真地制止他们："扔掉太可惜，下次再吃。"

许多护理过他的医护人员感触地说："在接触陈景润教授之前，我们都觉得一位大数学家，一定架子非常大，难以伺候。与陈教授相处之后，我们都觉得他是非常随和的。"

那段时间，我经常到中医学院看望景润舅舅。他每次都非常高兴地让我坐在他的身边，虽然他说话非常困难，但一直望着我笑。从他乐观、开朗的神态和表情中，一点也看不出病魔缠身带来了痛苦。望着他那抽搐的面部、变得僵硬的肢体，一阵阵发自内心深处的心酸和痛楚涌上我的心头。

"让舅舅去泡泡福州的温泉，对他的治疗一定会有好处。"望着景润舅舅几乎僵硬的肢体，我突发奇想对由昆舅妈说。

"舅舅行走不方便，去泡温泉行吗？"

"不要紧！我想办法。"

于是，我将想法告诉了几位好朋友。

"对！让你舅舅来外贸中心酒店，我们酒店的温泉是福州最好的，这事由我来安排。"外贸中心集团总裁杨祖基言辞恳切。

"他行走不方便啊！"我小心翼翼地说。

"怕什么？有我们呢！到时候，再安排两个技术好的按摩师帮他推拿，再尝一尝福州的小吃。"

"那太麻烦你了！"我感激地望着杨祖基说。

"你还对我客气起来了，你舅舅是国家的财富，能到我们这里，还是给我们面子呢！"说罢，他当即拿起电话，交代酒店提前做好一切安排。

左图为乡亲们热情邀请陈景润吃长寿面；右图为陈景润到福建省外贸中心酒店泡温泉，左一为作者的二弟宋成。

第二天，我和几位好友早早来到中医学院。景润舅舅事前只知道要带他去福州五一广场。一见到我们，他就兴奋地对我们说："谢谢你们！走吧、走吧。"

"宋力还要带你去泡温泉呢！"由昆舅妈笑着对景润舅舅说。

"哦！好！好！福州的温泉好！"他高兴地挥动着僵硬的手臂叫嚷着。看来对福州的温泉，他是有很深刻的记忆。

那一天恰逢休息日，福州晴空朗朗、万里无云，"五一"广场内游人如织。

在我们的搀扶下，景润舅舅高兴地在广场上慢慢地走着。在游玩的人群中，有一个人突然惊讶的高声喊："啊！陈景润。"

一下子，广场上许多游人拥了过来，将我们紧紧地围住。大家激动地喊着："景润您好！景润您好！"望着这些激动的人群，他兴高采烈地摇晃着身体，向大家表示感谢。回想当时的情景，至今仍然让我激动。

一会儿功夫，聚拢过来的人越来越多，整个场面似乎有些失控了。

这时，我悄悄地对事先请来陪护的几个武警战士说："你们赶快通知广场的武警战士，请他们马上过来帮助维持一下秩序，帮助开出一条通道，让我们先离开。"我庆幸事先有准备，否则，整个场面很难控制。

在闻讯赶来的武警战士簇拥下，我们总算从情绪亢奋的人群中解脱出来。

到了外贸中心酒店的温泉浴室，我试着水温对景润舅舅说："舅舅，你感觉水会不会太烫。"

"不会的！不会的！"他急不可耐马上就要下到水里。

"宋力，我看不要紧！你舅舅的肢体都僵硬了，对水温已经不敏感了。"看我犹豫不决的样子，杨祖基果断地说。

于是，我们几个人将他轻轻地抢入热气腾腾的温泉水池。那么高的水温，一般人是下不去的。

果然，他对水温的感觉一点都不敏感。下到水中，他兴奋得象个孩子，连声说："很舒服！很舒服！"他脸部的肌肉随着热水的浸泡，似乎一下子松弛许多。

泡完温泉后，专门为他安排两位按摩技师，给他进行全身肢体按摩。

"这位同志肌肉怎么会这么僵硬，看来平常缺乏锻炼。"按摩技师一边按摩，一边感叹地对我们说。

他们不知道，躺在按摩床上的这位同志，竟然是我国大名鼎鼎的数学家陈景润，他们也不会想到，这位同志为国家的科研工作兢兢业业，忘我工作，鞠躬尽瘁，今天的这种"享受"是他人生中的第一次。

望着景润舅舅舒适地趴在按摩床上，嘴里接连不断的"谢谢！谢谢！"我的眼圈又一次湿润了。当按摩结束，景润舅舅居然可以自己从按摩床上下来，稳稳地站在地上。中午，他美美地品尝了一回福州的各种小吃。在回中医学院的路上，他不断地说着"很舒服！很舒服！"

景润舅舅壮年早逝固然有许多的原因，但我想，如果他有条件每天浸泡在热腾腾的温泉里，享受着肢体的经络按摩，一定会益寿延年，一定能够如愿摘取到数学皇冠上的明珠。国家当时在政治上给突出贡献的科学家以很高的荣誉，但在实际生活和治疗上，仍然是不尽如人意的啊！

景润舅舅在福建治病期间，仍然没有放下手中的研究工作。

"陈景润同志具有坚强的毅力和忘我的工作精神。严重的病魔常常使他眼睛睁开一会就自动闭合上。他要让自己的眼睛睁开，必须借助双手轻揉眼皮。他克服了常人难以忍受的痛苦和困难，一方面顽强地与病魔抗争，另一方面还在坚持不懈地工作着。我们每次到他房间，总是看到他一个人坐在卧室的办公桌前，用僵硬的手指帮助睁开眼皮审阅博士生寄来的论文。这场景真是让人感慨万分啊！"福建中医学院领导感叹地说。

1992 年 11 月 4 日，景润舅舅获得首届华罗庚数学奖。在福建治疗的景润舅舅，得知这一消息后激动地说："我获得了以我恩师名字命名的奖励，这是我一生中最大的荣誉，恩师要是能活到现在该有多好啊！"

1993 年 5 月 22 日，景润舅舅 60 岁生日，时任福建省委副书记的袁启彤同志专门委托秘书送来鲜花，并委托我向景润舅舅表示生日的祝福；副省长王良溥同志代表省政府主持了气氛热烈的生日宴会，还送来生日蛋糕。这次生日宴会共有 100 多位社会各界人士参加。席间，景润舅舅激动地一再感谢省委、省政府领导的关心和照顾。

那天晚上，景润舅舅仿佛回到了孩提时代，满脸洋溢着幸福。只可惜，外祖父和外祖母都已去了云的那一端，他们没有福气看到这热烈的场面。景润舅舅与兄弟姐妹聊起外祖父、外祖母的时候，不免有些伤感。他与外祖父的感情很深，内心一直愧疚在外祖父生前没有时间陪伴他。母亲在一旁安慰他："没关系的，你为国家做了这么大的贡献，爹在生前一直都以你为骄傲呢。因为你成名了，村里人看爹的眼神都是敬仰的，你给了爹这样的荣耀，爹已经很满足了。"

我在一旁情不自禁眼眶酸涩。不过，我相信外祖父和外祖母在九泉之下，应该也会感到欣慰的。

对于手足亲情，景润舅舅享受的并不多。多年来，他只身一人在北京，无亲无故，与远在几千里之外的兄弟姐妹，只能通过书信往来沟通情感。我在北京读书的那段时间，每次看望他的时候，景润舅舅总会聊起在福建的亲人情况，尤其每当聊到外祖父的时候，他都情不自禁有一种伤感。后来，为了让他开心，我总会挑起一些和外祖父在一块时开心的事，每次听完，他都像小孩子一样哈哈大笑起来。

1993 年 11 月下旬，景润舅舅的身体状况有很大的好转。数学所副所长李文林教授专程赴榕感谢福建省委、省政府，并将景润舅舅接回北京。

在福建治疗休养期间，景润舅舅的身体条件得到一些改善，最重要的是，他圆了自己的故乡梦，圆了自己的手足情。

"故乡的水最甜，故乡的人最亲。"

只有故乡的水才养人啊！

永远的怀念……

第五辑

生命的暖春与寒冬

早在 20 世纪 60 年代，医院的大夫就给景润舅舅判了「死刑」。当时诊断的结果是严重的结核病，最多活不过 3 年。但是，景润舅舅奇迹般地活过来了。从景润舅舅被确诊为「帕金森综合征」到他去世，一共有 12 年。12 年里，这位为解决困扰世人 200 多年的「哥德巴赫猜想」而奋斗终生的数学家，一边顽强地与医学界的「哥德巴赫猜想」搏斗；一边向数学王国的「哥德巴赫猜想」艰难地进军，直至生命的最后一刻……

科学 "怪人" 的爱情猜想题

景润舅舅在事业上令人目眩，风光无限。

但是，科研成就与生活能力在景润舅舅身上形成了极大的反差，他虽然有超人的智商，情商却十分低下。

对于如何处理自己的婚恋问题，景润舅舅头脑中是一片空白。从二十几岁起，他就一心只迷恋数学研究，无暇顾及自己的终身大事，连最初的交女朋友的一小步，也始终没有跨出去。男欢女爱，对于他来说，无影无踪，就像一潭死水，平静得没有一丝风浪。母亲和外祖父对此十分焦虑和牵挂。

"要说事业也成功了，年纪也这么大了。是该考虑个人婚姻了啊！你当姐姐的，要关心弟弟的个人问题，时间不等人啊！"外祖父多次对母亲说。

其实不用外祖父的提醒，舅舅的婚姻问题，一直是母亲郁积在心的一团块垒。她寄给景润舅舅的每封信，都要提及他的终身大事，还专门委托在北京的丽骅姨（母亲少女时代的好友）帮助物色对象。

不过，像景润舅舅这样在情感上愚昧不化的人，也曾经闹过一场令人啼笑皆非的"绯闻"。

景润舅舅住的小房间楼下有个公共浴室，女浴室的天窗正好和小房间的窗户斜对着。女浴室有人洗澡，通常这天窗是不开的，但是为了排气通风，偶尔也会将它打开。一次，他在小房间窗户前拿东西，不经意间看到女浴室天窗没有关上。

"女同志洗澡怎么不关窗户啊？"他紧张地叫了起来。于是，他赶忙朝楼下喊话："你们洗澡要关窗啊！这样不好，这样不好！"

舅舅的喊声淹没在浴室哗哗的水流声中，正在沐浴的女同志毫无察觉，敞开的窗户纹丝不动。

他觉得这样不好，羞辱斯文，有碍观瞻，对他的研究工作有很大的影响，他决定要改变这种尴尬的窘况。换了别人，解决这个问题易如反掌，可以与管理员交涉，也可以在自己窗户上挡个帘子。可是，他考虑问题的方式有别于其他人，他认准了的事，几头牛也拖不回，理所当然地要一条胡同走到底。

终于，他想出了一个绝招——第二天，他写了一张小字报，贴到了浴室的门上。小字报的大概意思是：这个浴室的天窗斜对着他房间的窗户，只要女浴室的天窗打开，里面的动静一览无余。他说："这可不好啊，要是有坏人到楼上，那就什么都看见了，伤风败俗，建议大家以后洗澡关上天窗。"云云。然后，还工工整整书上自己的大名：陈景润。

这下可麻烦了，洗澡的女同志看到这个小字报，非但不领情，反而恨死了这个叫"陈景润"的，也不知道是谁挑的头，恼羞成怒的娘子军一拥而上，骂的骂，砸的砸，有人还扬言要揍这个"臭流氓"。幸好有人及时叫来了领导，领导当然了解景润舅舅的为人——就让他耍流氓，他也耍不起啊！领导解释了一番，又将这群娘子军们训斥了一番，才把大事化小，小事化了。

过了几天，这张小字报被人给撕了。

有趣的是，虽然闹事后澡堂的天窗关了几天，不久还是照开不误。究竟是那些女同志习惯于不关窗，还是估计到老实巴交、六根清净的舅舅不敢去偷窥，其中的玄机，有谁能知道呢？

在遇到由昆舅妈之前，景润舅舅确实不懂什么是爱情，他跟同事讲话都会结巴，更何况跟女同志谈情说爱？

景润舅舅与由昆舅妈的相遇，完全是机缘巧合。

1978年秋天，武汉军区156医院派由昆医生到北京解放军309医院进修。

那时，徐迟的报告文学《哥德巴赫猜想》发表不久，景润舅舅的名字在

陈景润与由昆结婚照

陈景润与由昆出外郊游

全国上下、大江南北早已家喻户晓了。

"陈景润在我们医院住院"的消息，在 309 医院不胫而走。

景润舅舅已经 45 岁了，他做梦也没有想到这次住院，邂逅了自己人生的伴侣。

由昆舅妈当时还不知道陈景润为何许人。经人指点，她找到了一份徐迟的报告文学《哥德巴赫猜想》。仔细阅读之后，她的内心掀起了阵阵涟漪。一天，她邀了一同来医院进修的小姐妹，到景润舅舅的病房见识一下这位举世闻名的科学家，人们传说中的"怪人"。

病房的门半开着，坐在床上看书的景润舅舅热情地与她们打招呼。一般情况下，他是不会主动和陌生人打招呼的，那天情绪特别好，一反常态。他兴致勃勃地和这些姐妹们聊了起来。过了一会儿，姑娘们说说笑笑地走了。而那有着一双扑闪扑闪的大眼睛，说话嗓门特别大的女同志，却给他留下了深刻的印象。

自从徐迟的报告文学《哥德巴赫猜想》发表后，他收到了许多求爱信，其中不乏年轻貌美姑娘，可是没有一个能让他动心。不是他的要求太高，而是缘分未到，他还没有遇到一个自己心仪的女子。

"景润啊！来信中这么多向你示爱的女同志，难道你就没有一个满意的吗？"李尚杰书记在帮助景润舅舅进行信件分类的时候，手里捏着一张张美丽、大方的女性照片，多次关心地问。

"谢谢李书记，我还有许多的研究工作没有完成，个人问题以后再说吧。"

景润舅舅腼腆地回答。

"你年纪也不小了呀！该到考虑的时候了。你大姐也多次交代我要帮助你物色啊！如果有满意的告诉我一声，你不好意思开口，我这老头子帮你开口。"说罢，李尚杰书记拍着景润舅舅的肩膀，爽朗地笑了起来。

"谢谢李书记，我会的，我会告诉你的。"

几天后，由昆来病房查房，景润舅舅热情地主动和她聊天。从聊天中，知道她是从武汉军区 156 医院到这来进修的，目前正在学英语。

为了弄清由昆是否有男朋友，憨厚的景润舅舅平生第一次要了一次心智。

一天，景润舅舅让我把他所有的衣服都带到医院，他要好好将这些衣服晒晒。我虽然不明白其中的意思，但还是满口应承下来，很快就照办了。

几天之后，我再到医院时，他又让我把所有的衣服都带回去。

"衣服都晒完了，我要好好读英语了。"我如坠云雾不知怎么回事。看着他的神情中从来没有过的兴奋，满脸荡漾着春光喜气，更增添了我心中的疑惑。

很久以后，我与由昆舅妈的一次闲谈，才解开了这个疑惑。原来，他发现这位来进修的由昆医生，每天都会定时到病房楼顶读英语。他知道楼顶有一些晾晒衣服的铁线，于是就费尽心思，佯装到楼顶晾晒衣服接近她。这是景润舅舅当初为了追求由昆舅妈，别出心裁走出的一步妙棋！

"你正在学英语啊！那太好了，我可以教你。"接触几次后，景润舅舅直截了当地向由昆发出了信号。

"您是大忙人，哪有时间教我英语呀！"

"有时间，有时间的。"景润舅舅生怕失去两人深入接触的机会。

"那好，我就拜您这位大数学家作为我的英语老师。"由昆嫣然一笑。

"当时没想到你舅舅教我学英语是为了接近我，我只是单纯的想着要尽快提高自己的英语水平。后来当你舅舅向我表白的时候，我完全被吓到了。"由昆舅妈在回忆这段经历时口吐真言。

毕竟他们之间存在较大的年龄差距，身份和地位也有比较悬殊。有了学习英语的平台，以师生的关系相互交往，顺乎自然，不会引来别人的无端猜疑。

但是"木讷"的景润舅舅竟会借用晒衣服的一根绳子，主动地牵连起一段情缘，这种招式，不得不让我叹服。

他与由昆舅妈成家后，我曾当着由昆舅妈的面戏谑地对景润舅舅说："舅舅，当时你追求由昆舅妈真有手段啊！您不愧是演算数学的专家，还真有计有谋。"由昆舅妈听后，捧腹大笑。

景润舅舅根据自己的数学演算逻辑，做了一道爱情猜想题。事先假设由昆是喜欢他的，再一步一步地加以论证，一步一步地排除疑问，直到最终成功。

一次，正好吃饭时间由昆到景润舅舅的病房查房，他正在吃面条。

"陈老师，您干吗老是吃面条呢？菜单上这么多好吃的，您要补补身子啊！"由昆关心体贴地问。

"不，我喜欢吃面，吃面好，吃得快，容易消化。"景润舅舅显得有些不安。接着反问由昆："你也喜欢吃面吗？"

"我不喜欢吃面，我习惯吃米饭。"

"你喜欢吃米，我喜欢吃面，我们俩刚好可以互补。"景润舅舅大胆地开起玩笑来了。

由昆听了不知所以，随意地笑着回答说："我喜欢吃米，与你喜欢吃面有什么关系？"话刚出口，潜意识里的一种感觉，使得她的面颊微微泛起红晕。

景润舅舅心里是有了底数的，由昆没有男朋友，他一定要尽快把自己想法如实地告诉她，机不可失，时不再来。

第二天，由昆还是和往常一样与景润舅舅约好时间，到病房楼顶阳台学英语。

"I love you！"景润舅舅望着由昆，冷不防脱口而出。

一下子，由昆没有反应过来。

"我爱你！"景润舅舅用中文复述了一遍。紧接着又直截了当地对她说："要是我们能够生活在一起就好了。"

由昆这时彻底明白了，她吃惊地望着景润舅舅说："哎呀！陈老师，这怎么行呢？这是不可能的事啊！"

景润舅舅根本没有想到，由昆会这么直接地拒绝他。

"是的，这不合适，我年纪大，身体又不好，你年轻又漂亮，是对你不公平，我是不是……"他很想说自己是不是"癞蛤蟆想吃天鹅肉"，可是又觉得这样的比喻不妥，一时间说不出话来。

时间在两人的僵持中凝固了，他怎么也没想到会是这样的结果。这可要比数学中演算遇到的失败让他更伤心。

此后，由昆再也没有来找景润舅舅学习英语了。即使路上碰到，她都会尽量躲着他。这让景润舅舅感到非常纠结，他还是每天不断地演算数学题，可是一旦停下来的时候，心里总觉得空落落的。

景润舅舅把心里的想法如实地向李尚杰书记倾诉。细心的李尚杰书记对于他最近一段时间的反常状态多少有些察觉，只是没有主动去问个明白而已。

"你真心追求由昆？"李尚杰书记郑重地问。

"是的，我觉得她也会喜欢我的。"景润舅舅的回答毫不含糊。

李尚杰书记是过来人，虽然很想直白的告诉景润舅舅，爱情不是一道数学猜想题，可以不顾别人的感受，独自去论证。可是，当李尚杰书记看到陈景润那股坚定的勇气和毅力，还是决定让他试试看吧，不努力去争取怎么会有结果呢？

"那你采取迂回战术，先不要着急地提出结婚，让她继续跟你学英语，互相之间进一步加深了解再说吧。"李尚杰书记笑着向景润舅舅出谋划策。

几天后，当由昆单独值班的时候，景润舅舅鼓起勇气走了进去，吭吭哧哧地对她说"我们还是学英语吧？"

由昆心里害怕再次出现上次的尴尬场面，直接转移了话题："我还要写病历呢！"

景润舅舅语塞了，过了许久才吞吞吐吐地说："已经开始学了，还是继续学下去吧！"语气中带着恳求。

望着景润舅舅诚恳的样子，由昆的心软了。

学习英语重新开始，景润舅舅心情特好，他又有说又有笑了。

一段时间后，景润舅舅感到由昆对自己的态度已经有了转变，于是又开始向她发起进攻。

第五辑 生命的暖春与寒冬

80

想不到，这次由昆却笑着反问："您是一个大数学家，崇拜您的人多如牛毛，什么样的女人找不到，为什么偏偏选中我啊？"

一贯不善言谈的景润舅舅被这个问题一下子怔住了，缓过神来之后，他不假思索地冒出了一句：

"我想过了，如果你不同意，我这一辈子不结婚了。"

在对话中一直占据上风的由昆，顷刻之间吓呆了，手足无措不知道说什么好。她没有再说什么话，涨红着脸匆匆地离开楼顶阳台。此后好几天，她又没来学习英语，景润舅舅再次陷入了空前的失落。

李尚杰书记知道情况后，决定亲自出马。

"我帮你说媒去，这不是数学猜想题，靠你自己一个人的力量不一定能成。"李尚杰书记终于按捺不住了。

"我不知道她是什么意思呢，她没有说行还是不行啊！"景润舅舅心里七上八下。

"你放心，给她一些时间，她一定会认真考虑的。"李尚杰书记知道景润舅舅肠子不会拐弯，说话不知轻重，由昆一时半会儿接受不了。

实际上，由昆对于景润舅舅简单明了的求爱虽然感到唐突，却很当一回事，她写信将这些情况一五一十地告诉自己的父亲，诚恳地征求意见。

几天后，她接到父亲的来信。

"我在报纸上读到关于陈景润的事迹，他为祖国作出巨大贡献，他的一片真情，如果被你拒绝了，实在不公平。如果他确实动了真情，你不要伤害他，也不要回避自己的真情实感。"父亲的回信，让由昆定心了。她坚信，陈景润是发自内心地喜欢她。可是作为一个女孩子，又不好将父亲的意思主动告诉景润舅舅。

正在由昆感到彷徨的时候，李尚杰书记找了她。

由昆将父亲的意见、自己愿意与景润舅舅交往的想法，在李尚杰书记面前和盘托出。

李尚杰书记心中悬挂的一块石头落了地。

"由昆让我转告你去楼顶阳台告别，她要回武汉了。"李尚杰书记很快找到景润舅舅，卖了一个关子。

　　居然受到由昆的邀请，景润舅舅心里甭说有多高兴，他不顾身体虚弱，如约来到了楼顶阳台。

　　"李书记跟我说过你的情况了，我觉得你还不错。"由昆望着气喘吁吁的景润舅舅，不好意思地低下了头。

　　"哦，是吗？"说罢，景润舅舅脸腾地红了起来。

　　"我们再互相了解一段时间，好吗？"由昆的脸也红了起来。

　　景润舅舅高兴极了，他简直不敢相信这一切是真的。他曾经怀疑过自己的爱情猜想题是无法论证的，由昆的这一句话颠覆了他的想法，给他带来的全新的希望和喜悦，丝毫不亚于在"哥德巴赫猜想"论证时取得成功的心情。

　　"我有许多缺点。一不会做饭，二不会做针线，就连织毛线也只会打平针，反正女孩子会做的事我都不会。"由昆给景润舅舅亮了底牌。

　　"没有关系的，不会做饭我们吃食堂。穿衣服嘛，你有军装，我从不讲究，随便穿一点就行了，再说我也可以穿你的军装嘛！"

　　"我这个人脾气躁得很，将来吵架怎么办？"由昆紧追不舍。

　　"不会啊，我年纪大一点，让着你就是了，我们不会吵架的。"看着眼前的景润舅舅憨态可掬，由昆被逗得直笑。

　　福建有句老话说："晚开的花儿最漂亮！"

　　景润舅舅在中年的时候遇到自己一生的最爱，由昆舅妈是景润舅舅的第一个恋人，也是守护他一生的人。

其乐融融的家庭生活

景润舅舅1978年与由昆相识，1979年6月下旬他们俩决定结婚。在这段时间，他到美国普林斯顿大学任教，由昆也进修完毕，回到武汉又到师范学院外语系学习。

1980年4月28日，景润舅舅完成了国外考察讲学的任务后回到北京，终于有时间办理与由昆的婚事。他们俩商量一切从简，把新婚的房间布置得简单而温馨。

在数学所五学科党支部的积极促成下，数学所给景润舅舅分配了一套二居室的单元房。这次他没有拒绝所里的安排，但依然把那6平方米的小房间保留，作为自己的书房和工作室。热心的李尚杰书记帮助景润舅舅打理结婚前的准备工作，说实在话，办这事景润舅舅只有对李尚杰放心。

搬房子对景润舅舅来说是最简单不过的了，他根本没有什么需要搬动的东西。除了6平方米的小房间不能动之外，他还有什么物品呢？新房子仅放置了一张大床和一张书桌几张椅子，整个房间显得空荡荡的。"我要写信给由昆，让她来北京，我们一起去买家具。"景润舅舅像个小孩子似的，兴致勃勃地对我说。

1980年8月25日下午，景润舅舅穿着草绿色军便服，由昆穿着崭新的军装，来到中关村街道办事处登记结婚。

景润舅舅对草绿色军装情有独钟，这种情结不仅仅源自于福州解放，他参加欢迎解放军入城时的深刻记忆。在"文

婚后神采奕奕的陈景润

陈景润喜欢着草绿色军便服

革"中，还发生这样一件故事。

1973 年的春天，中科院数学所来了一位姓王的军代表，他是一位经历过南征北战的将军。

中科院数学研究所的业务处罗声雄处长已经了解到，景润舅舅正在研究"哥德巴赫的一个著名的猜想"，并将这个"猜想"推进到了（1+2）。一天，他把情况向将军作了简要的汇报。

王将军根本就不知道哥德巴赫是谁，研究工作会有什么难度，但他听说，这个猜想如果被证明了，将会极大地推动数论研究的发展。他知道200多年来，世界上一代又一代数学家都在梦想证明它，它被列入 20 世纪最重要的数学问题之一。

"陈景润的论文写出来了，为什么不拿出来发表呢？"将军异常激动地站了起来，大声询问罗声雄处长。也难怪，驰骋疆场的将军，闹不明白在当时的政治背景下，高楼深院的许多蹊跷事情。

"他不敢拿出来，怕受批判啊！"

"你说什么，有这样的事？他住哪里？你带我去看看他。"王将军二话不说，拉着罗声雄处长就往门外走。

他们敲响景润舅舅的小房间，过了好一会，才听到房间里传出细若游丝的声音："是谁呀？"

"是我，罗声雄。"

门"吱呀"一声开了，见罗声雄处长后面跟着一位身穿草绿色军装、身

早在20世纪60年代，厦院的大灾难险些要判了三死刑。当时诊断的结果是病重的瓣膜病，生命活不过3年。还是，蒋润舅舅坚定地活过这么多年的。"哥德巴赫猜想"，而舅舅甲仲身的癌症，一边捆很地与疾病作斗争，一边向数学王国的"哥德巴赫猜想"艰难地进军，直至生命的最后一刻……

材魁梧的军人，景润舅舅十分惊愕得说不出话来。

将军挤进狭小的房间，拍了拍景润舅舅的肩膀说："小伙子，你不要害怕。听说你做出了一个很了不起的研究成果，至今不敢拿出来，怕被批斗是吗？别怕，大胆地拿出来。我支持你！"将军的话，粗犷中带着体贴，豪爽中带着关爱。

望着将军笑容可掬、和蔼可亲的神情，景润舅舅情不自禁地流下热泪。

这么多年来，很少有人对他这样的亲近、和蔼，更没有人敢如此大胆地为他撑腰、打气。

"谢谢，谢谢解放军！"景润舅舅一时间不知道怎么开口，只是不断地表示谢谢。

几天后，主持中科院党组工作的武衡来到数学所，神情严肃地对所党委书记赵蔚山说："听说你们这里有个青年人，有一个很了不起的研究成果，一直不敢将论文拿出来发表，这很严重啊！为什么不敢拿出来？这么重要的研究成果，还要直接向周总理汇报的啊！"

原来，这位将军把景润舅舅的情况报告给了中科院党组。

在将军的极力鼓励下，景润舅舅终于将他的论文拿出来了。通过一番周折，论文得以发表，立即在全国、全世界引发了轰动效应。

从那时起，他更加热爱身穿草绿色军装的军人，在他的心灵深处萌发出对草绿色的特殊情怀。不久，他的病情引起中央领导的重视，当他被送进解放军 309 医院，他所接触的医生、护士全是身穿草绿色军装的军人，无微不至的关心、爱护，使他感受到春天般的温暖，感受到心灵的阳光，诱发了他对于草绿色一往情深的景仰。

结婚登记的时候，景润舅舅坚持要穿着草绿色军便服，并一再叮嘱由昆要穿军装。由昆舅妈充分理解景润舅舅的性格，穿上崭新的军装去登记。随后，他们一块上街去买喜糖。

到了商店，景润舅舅把柜台上陈列出来的糖都各买了一点。因为每种糖的分量不一样，再加上每种糖的价格又不同，所以把售货员折腾晕了，售货员手忙脚乱地称重计算了很久。

他见售货员忙得不可开交，便告诉售货员总共的价格。

售货员白了他一眼说："你以为你是陈景润啊？"

被抢白了的景润舅舅和由昆都不说话了，安静地等着售货员计算价格。最后的价格与景润舅舅说出来的数字丝毫不差，售货员被弄懵了，张大着嘴巴说不出话来。

回到数学所，他逢人都发喜糖，然后恭恭敬敬地向大家行了个不标准的军礼，把大家都逗乐了。

1981年，由昆舅妈怀孕了，景润舅舅高兴得手舞足蹈，第一时间冲到李尚杰书记家里，上气不接下气地对李尚杰书记说："怀孕了，由昆怀孕了！我要当爸爸了！"听到这个消息，李尚杰书记非常高兴，还和他的爱人反复向景润舅舅交代孩子出生时需要准备的一些事情。

由昆临产时已经30岁，算是高龄产妇，根据医生的要求必须剖腹产。手术前在办理家属签字手续时，景润舅舅特别紧张，不断地询问医生，能否保证不让由昆有任何意外。

"手术都会有风险，所以才要家属签字。"医生解释说。

"那你们一定要保证不会有事。"景润舅舅固执己见，脑子转不过弯来。

躺在产房的由昆这时实在听不下去了，大声地喊道："你不签，我自己签。"景润舅舅这才小心翼翼地签了字。

"万一出事，是保大人还是保孩子？"医生问景润舅舅。

"当然是保大人！保大人，一定要保大人！"景润舅舅态度十分明朗。

孩子出生后，景润舅舅提议儿子姓由，让他永远记住妈妈的付出。由昆坚决不同意，舅舅又提议改为复姓"由陈"，由昆仍然不同意。最后，儿子起名为"陈由伟"，小名"欢欢"。

"欢欢"降生时，景润舅舅一家的生活还是比较艰苦的。他们搬到中关村两间面积相对小的房子，房子楼下是一个屠宰场，夏天南风一刮，怪味冲鼻。一年四季，烧烤猪毛的焦烤味熏得人恶心，到了下半夜杀猪的惨叫声，更吵得他们无法入眠。可是景润舅舅却感到非常满足，与原来小房间相比，已经是天壤之别了。贤惠的由昆舅妈也从没向景润舅舅提出向组织要求调房子的

请求。

1983 年，中央提出进一步落实知识分子政策。在邓小平同志的直接关怀下，由昆从武汉调到北京解放军 309 医院工作，中科院安排景润舅舅搬到了中关村四室两厅的院士房，并征得景润舅舅的同意，专门为他配了一位秘书。这一年景润舅舅已五十岁，开始了真正的家庭生活，享受着一家三口团聚的天伦之乐。

居家度日，柴米油盐酱醋茶的开销，总要有一个人管，景润舅舅历来勤俭节约，自然是景润舅舅管钱。可是他管的只是自己的钱，由昆舅妈的钱基本上每个月都用光了，因为由昆舅妈喜欢逛街，总是买回来许多东西。景润舅舅经常劝她少花点，存点钱给欢欢以后上大学用。

"你瞎说，现在上大学都不用钱，以后国家经济发达了，上大学更是不用钱了，存那么多钱做什么？"由昆舅妈竭力反驳。

"以后上大学肯定要钱！"景润舅舅坚持自己的看法。

没想到，景润舅舅的这句话后来真的应验了。到了 80 年代初，大学教育需要交学费了。直到现在，由昆舅妈也不明白，景润舅舅凭什么能做出这样预言。

对于由昆舅妈花钱的事情，景润舅舅总是颇有微词，甚至还会跟欢欢交流看法。

"小欢欢，你知道妈妈为什么今天休息，却待在家里吗？"景润舅舅问欢欢。

"不知道！"

"因为妈妈兜里没钱了，出门不能买东西，所以就待在家里和欢欢玩。以后妈妈都在家和欢欢玩，好不好？"景润舅舅企图利用欢欢对于母亲的依恋，来牵制由昆舅妈少花钱。

"好，妈妈要陪我玩！"欢欢听了好高兴。

站一旁的由昆舅妈，听到以后哭笑不得。

不过这个爱攒钱的丈夫有时候也会陪妻子去逛街，只是逛街方法与一般人很不同。

"由昆啊，我陪你逛街吧！"景润舅舅有一次突然跟由昆舅妈这么说。

"啊？不用啦，你没时间的，你要做数学演算，不用陪我。"由昆舅妈

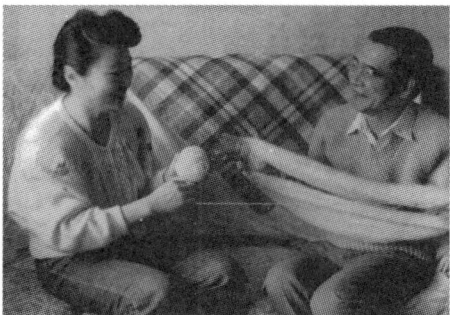

早在20世纪80年代，医院的大夫就给陈景润下了"死亡"倒计时断的结束那到了。当时计断的结束那到了，当时计断的结束那到产了，景润陈景润却顽强地活过这5年，即是，景润得陈景润却顽强地活过这5年，即是，景润全民综合台，他去世了。这让作为"华德巴赫猜想"，而奋年耕身钻研的数学家——那生2年，1分钟多年的"华德巴赫猜想"，一边细地与医学界的20年，一边细地与医学界的数字玉圆的"华德巴赫猜想"，那玉圆的"华德巴赫猜想"，状极地地沉，至至生命的最后一别……

第五辑 生命的暖春与寒冬

1	2
3	4
5	6
7	8

1、2、3、4. 陈景润甜蜜的一家三口；
5、6. 陈景润与爱子陈由伟亲密照；
7. 陈景润最开心的就是和夫人一块缠毛线。

也很珍惜景润舅舅的时间。

"不会，不会，我陪你逛街，不会浪费时间的。"

由昆舅妈看他表情这么真诚，便答应了。

"不过有一个要求，你要把兜里的钱都拿出来，我们只看不买，这样我们就可以在相同的时间里看很多东西，逛很多条街了。"

景润舅舅提的这个要求，叫什么逛街啊？

由昆舅妈无话可说了，面对丈夫这么天真可爱的逛街提议，她搜肠刮肚，找不出言辞来回应。

"逛街没钱，又只看不买，能叫逛街吗？"由昆舅妈终于忍不住开口了。

"今天我陪你去看啊，明天你有时间，拿钱去把看中的东西买回来就是了。"景润舅舅说得一本正经。

景润舅舅和由昆舅妈的家庭生活，平静而又充实，尤其是欢欢的出生与成长，给他们带来了莫大的欢乐。欢欢喜欢乱涂乱画，只要看到由昆舅妈教训欢欢，景润舅舅都会马上放下手中的工作过来为欢欢解围。

"小孩子要说服教育，不能动不动就批评。欢欢喜欢画画，那是他在挥洒自己的想象。"景润舅舅常常将这句话挂在嘴边。

由昆舅妈知道说不过这个爱子如命的丈夫，只好随他去了。

后来，景润舅舅把稿纸贴在墙上，让欢欢直接把画画在稿纸上，这样既保护了墙面，也让欢欢的画得以公之于众。他还为欢欢在走廊上做了一面展示墙，每次欢欢画了新画，景润舅舅必定要第一时间挂出去展示。

自从景润舅舅搬到新居后，每次到北京出差，不管多忙，我都要抽出时间去看望他们。

"宋力，在家吃顿饭，好好陪陪你舅舅。"每次由昆舅妈都会热情地挽留我。

"舅妈，你的烹调水平真不错啊！"我真不敢相信，桌上这些丰盛的饭菜，竟是出自从小在部队大院长大，结婚前从不会做饭的军队干部家庭千金小姐之手。

"为了照顾好伟大的科学家，我经常向同事学习烹调技术。"由昆舅妈的话语中，夹杂着调侃。

"由是很聪明的，什么东西，一学就会。"景润舅舅自结婚后对由昆的称呼都改为"由"。说罢，他坐在一旁开心地笑着。

每次到他们家，只要一听到我的声音，景润舅舅再忙也会放下手中的工作迎上前来，边走边高兴地喊着："哦！宋力来了，宋力来了。"

不等我从包里将从家乡带来的特产掏尽，他已经用手抓起爱吃的蜜饯橄榄往嘴里塞。

"宋力，你看你舅舅还像个小孩子，在外甥面前也这样！"一见他那"贪婪"的样子，由昆舅妈在边上爱怜地拍着他的手说。

"我就是一个老小孩嘛！"他自个儿边吃边哈哈大笑起来。

顿时，整个客厅一片欢笑声。他们俩如胶似漆、新婚燕尔般的情和爱，其乐融融，其乐融融的家庭生活，让我感慨万分。景润舅舅完全脱胎换骨，浑身洋溢着幸福和喜悦。

望着由昆舅妈一边为景润舅舅挑选他喜欢的食物，一边热情地招呼陪着与我一块来的同志，我发自肺腑的感激之情油然而生。我要深深地感谢这位好舅妈，她无怨无悔的付出，给我的景润舅舅带来人生的欢乐和家庭的幸福。

"其实，先生自己是能做这些事的。但我怕他做不好，就替他做了。我想，每当妻子也会这样的吧！有人说，是不是我太惯着先生。其实，我才惯他 16 年哪，如果他不是这么早离开，我愿意一直为他忙，为他剪指甲，为他洗澡……"一次记者采访由昆舅妈时，她饱含泪水对记者说。

与病魔抗争的岁月

尽管有由昆舅妈的精心调养和组织上的多方关心，景润舅舅依然提前开始衰老了，身体状况越来越差。他付出得太多太多了啊！几年的调养，毕竟抵不过几十年超负荷工作损耗！

1984年4月27日是个灾难的日子。那天，景润舅舅从数学所出来后，独自一人走在去魏公村的路上。突然，一位外地来京的小伙子急驶的自行车将他撞倒。猝不及防的景润舅舅，瞬间后脑着地，当即昏了过去。小伙子停下了自行车，扶起了昏迷不醒的景润舅舅。这时，旁边聚集了许多过路行人。

"小伙子，赶快看看这位同志身上有没有证件，尽快通知他单位和家里人呀！"一些好心人提醒说。

"啊！他就是陈景润，鼎鼎大名的数学家！"打开从身上取出的证件，在场的所有人都惊呆了。

一听说是陈景润，小伙子吓得脸色苍白，号啕大哭。

"快！不要哭了，赶快打电话通知数学所领导。我们大家一起帮助，马上将陈景润送医院。"一位老同志站出来组织在场的人，将景润舅舅送到附近医院的急诊室。幸亏抢救得及时，景润舅舅脱离了生命危险，但严重的脑部损伤后遗症，使得景润舅舅的身体健康状况急剧地下滑，一日不如一日，开始了轮椅生活。1984年10月1日，

受疾病折磨，陈景润依然乐观　　　　　陈景润住院期间与护士合影

景润舅舅就是坐着轮椅，让由昆舅妈推上天安门城楼，参加了35周年国庆观礼。

1984年11月2日，中国科学院在京西宾馆举行庆祝中国科学院成立35周年茶话会，方毅、胡启立、姚依林、卢嘉锡等领导出席。

景润舅舅应邀出席，被安排在离主桌不远处就座。他一进会场，大家的视线就被他行走的动作吸引了。只见他迈着小碎步，踉踉跄跄地走到座位旁，不等站稳就一屁股跌坐在了座位上。方毅等领导见状后，急步走到他的面前俯下身望着他，只见景润舅舅脸色苍白、大汗淋漓、言语不清。再仔细一看，才发现景润舅舅面部表情明显出现不自然的"面具脸"。

"景润同志，你怎么啦？"方毅同志关切地询问他。

"谢谢领导！谢谢领导！我，我很好。"景润舅舅嘴唇颤抖着发出含糊不清的语言。

争强好胜的景润舅舅，这个时候依旧称自己没病。

方毅同志感到情况不妙，当即指示中科院领导迅速送景润舅舅到北京医院检查。

北京医院随即组织有关专家，对景润舅舅进行详细的会诊。经过会诊，在他的诊断书上赫然写下"帕金森综合征"几个黑色小字。看到诊断书，由昆舅妈失声大哭，中科院领导惊呆了！这种病无疑宣布了一个科学家科研生命的死刑啊！

长期以来，景润舅舅从不关注自己的生活和起居，为了攻克数论的难题，经常挑战与自己的生命极限。不料想，在数学高峰无所畏惧的勇士，却被医

早在20世纪80年代，医院的大夫就惊呆了景润舅舅到"光刑"。当时诊断的结果是严重的结核病。最多活不过4年。但是，景润舅舅凭借顽强的毅力，诊为"帕金森氏综合症"，与常个的数学家，一边继续地与疾病斗争，一边坚持自己的数学事业。"帕金森综合症"折磨患者12年，一位忘我的数学王国的"帕金森综合症"。顽强地走来，直至生命的最后一刻……

学界的"哥德巴赫猜想"峰峦阻止了前进的步伐。

早在北京医院被确诊为"帕金森综合征"之前，由昆舅妈就托朋友带着景润舅舅到海军总医院检查过。当时诊断证明上写着："帕金森综合征待查。"

由昆舅妈为此专门认真查阅了许多医学杂志，了解到这种病的起因不清楚，目前国际上没有有效的治疗药物。景润舅舅当时并未感觉到身体有什么大的变化，对疾病似乎无所谓，一点也不感到惧怕。

帕金森综合征，又称"震颤麻痹"，西医学称之为"无法治愈的疑难症"，中医学称之为"筋萎"。中医学的医书上有这样提到："风者肝也，其本在厥阴，厥阴入脏者，七日亡。"帕金森综合征（简称 PD）是以肌张力增强和震颤为特征的一种锥体外系统慢性退行性疾病。早在 20 世纪 60 年代，科学家就发现帕金森综合征患者是由黑质多巴胺能神经单元的丧失，导致纹状体中多巴胺缺失，乙酰胆碱因而增高，二者失去平衡而发病。但为什么会引起多巴胺能神经单元的变性原因，至今医学界也尚不完全清楚。据研究表明，正常人每 10 年有 13% 的黑质多巴胺能神经单元死亡，当 80% 的神经元死亡时，就可出现 PD 症状。随着年龄的增长，黑质多巴胺能神经单元死亡得越来越多，到了老年时，存活的多巴胺能神经单元已经不多，故 PD 多见于老年人。

据专家介绍，帕金森综合征的基本症状包括震颤、肌强直、运动减少或消失以及位置和平衡紊乱，继发或伴发症状有发音障碍、痴呆、抑郁症、顽固性便秘、汗出不止、排尿不畅等。对于帕金森综合征的治疗，目前还没有一种较满意的方法。联合国卫生组织已将"帕金森综合征"列为要在本世纪内攻克的十大医学难题之一。

毛泽东、叶剑英、邓小平等中央领导，晚年也都患有不同程度的"帕金森综合征"。

景润舅舅患"帕金森综合征"，引起了中央的高度重视，中央提出尽快送景润舅舅到北京医院进行治疗。由于北京医院新病房尚未竣工，景润舅舅于 1984 年 11 月 14 日被送到当时条件最好的中日友好医院住院治疗。

他在中日友好医院住院期间，我专门去看望他。记得那天，当我轻轻推开他的病房时，眼前的一幕让我惊呆了。他光着涂着紫药水的屁股，躬曲身子趴在病床上，整个人像一只大虾米。即便如此，他还是全神贯注地捧着一本书，聚精会神读着，全然不知道我已经站在他的身后。

"舅舅，你怎么啦？"我轻声地叫了一声后，趴到病床上望着他。

"哦！是力力啊！你怎么到北京来了啊？"他放下手中的书，揉了揉酸胀的眼睛，惊讶地望着我说。

"我到北京出差，妈妈叫我来看看你。"

"谢谢大姐！谢谢你！"他又对我说他那常用的问候语。

"你怎么啦？"我惊讶地望着他。

"哦！刚才在卫生间摔倒了。还好我有准备，一摔下去，就将头紧紧抱住，还好头没有碰到地上，只是屁股擦破皮。"说罢，他望着我笑了起来。这时，我才发现他屁股上涂抹紫药水的地方，露出了鲜红的伤痕。

听由昆舅妈说，景润舅舅根本不顾医生、护士的劝阻，经常不遵守医院的纪律，公开地看书、演算、写论文。如果医院提出批评，他就嚷着要出院。甚至还说："如果不让我出院，我就要看书，如果连书都不让我看的话，我就跳楼自杀。"此话一出，弄得医院非常紧张。为了防止出现意外，医院专门派了保卫干部轮番值班。

医院的医生护士们或许还不了解景润舅舅，多年以来，在知识、事业和身体健康乃至生命安危的天平上，他一贯有着超脱于凡人的选择。

回想1976年唐山大地震，当时震波波及北京，人们人心慌乱，可景润舅舅泰然自若，没有住过一天地震棚，依然在6平方米的小房间挑灯夜战、夜以继日地工作。到了夜深人静的时候，宿舍楼所有窗户一片漆黑，唯独这个他小房间的小窗户上的灯光彻夜通明。据当时与他在共事的一位同志说，1976年地震时，办公大楼里常常就只有景润舅舅和他两个人。

当时，我正在北京读书。母亲非常担忧地震对景润舅舅的影响，来信中反复要我劝他住抗震棚。我将母亲的担忧对他说，他非常淡定地对我说："不要怕！我们房子那么结实，不会有问题的。就是发生地震，我可以躲到桌子下面嘛。"听了他的话，我只能无可奈何地笑一笑。是啊！景润舅舅把数学研究

175

和论文写作放在至高无上的位置，无论发生什么情况，都无法撼动他的工作热情。

1985 年，灾难又一次降临到景润舅舅身上。有一天，他乘公共汽车到魏公村买书。因为行走不太方便，下车时，被急拥而下的乘客挤倒，摔晕在地上。

两次都是在魏公村这个地方，两次都是头部受伤。对一个需要缜密思维的科学家来说，头部是多么重要的啊！这两次的意外事故造成的损害，无疑让景润舅舅长期虚弱的身体雪上加霜。从那以后，他经常头晕眼花、头痛难耐。

早在 20 世纪 60 年代，医院的大夫就给景润舅舅判了"死刑"。当时诊断的结果是严重的结核病，最多活不过 3 年。但是，景润舅舅奇迹般地活过来了。

从景润舅舅被确诊为"帕金森综合征"到他去世，一共有 12 年。12 年里，这位为解决困扰世人 200 多年的"哥德巴赫猜想"而奋斗终生的数学家，一边顽强地与医学界的"哥德巴赫猜想"搏斗，一边向数学王国的"哥德巴赫猜想"艰难地进军，直至生命的最后一刻。

1985 年底，组织上送景润舅舅住进北京医科大学第三附属医院。经过一段时间的治疗，病情略有好转，他又闹着要出院。无奈之下，医生也只好同意。

1986 年，景润舅舅又住进了中国中医研究院广安门医院。为了使他能够安心治疗，组织上派人反复向他解释说，以往采取的是西医治疗，这次是采用中医疗法。中医疗法应用的是中药治疗，配合针灸、按摩等方法，这样周期要长些。只有按照疗程进行才有一定的效果。在大家反复的说服动员下，他像听话的孩子，顺从地点了点头。

1987 年 7 月，景润舅舅再次闹着要出院，秘书故作生气地对他说："如果再闹着要出院，以后医院就不可能接收我们治疗了。"

"我以后可以到门诊去治疗嘛！"他仍然固执地坚持要出院。

面对"执迷不悟"的景润舅舅，医生只好又一次同意他出院。回家后，景润舅舅继续从这家医院开中药服用，由昆舅妈也请按摩师到家中帮助治疗。疾病的折磨使景润舅舅再也不能像过去那样通宵达旦地工作，但是他仍然以顽强的精神，千方百计挤出更多的时间来钻研课题。他感到独自攀爬数学世界的"珠穆朗玛峰"，已经力不从心了。他想，必须寻找合作伙伴，尽快将

住院期间的陈景润与夫人由昆　　　　　陈景润人生中最后的照片

自己的思路整理传世。在他生命的最后几年，他加紧培养学生，并在学生的协助下完成了大量的工作。

在病房里，景润舅舅一共带出三个博士生。辛勤的汗水结出丰硕的成果，自从景润舅舅1984年11月在北京医院住院开始到1996年去世的12年中，他先后单独或与学生合作发表了10篇的论文，出版了两本专著，为青少年写了三本数学通俗读物。

景润舅舅在"文革"前的二十年，取得了举世瞩目的奇迹；患病后的二十年，他以同样的毅力和坚持不懈的精神，创造了病床上的辉煌。

每次到北京出差，临走之前母亲都要反反复复地交代："力力，到北京一定要去看看舅舅……"说着说着，老人眼圈就会发红。景润舅舅结婚后，母亲十分的喜悦，对景润舅舅、由昆舅妈和欢欢非常牵挂。天气寒冷时，她会反复地唠叨："天气这么冷，不知景润身体能不能受得了？"逢年过节，她又会喃喃地说："景润从小就爱吃福州的燕皮和鱼丸，力力带去的这些东西，不知道由昆会不会煮。"母亲与景润舅舅感情很深，她为有这么一个出息的弟弟感到由衷地骄傲。

景润舅舅到福建中医学院治疗时，母亲经常去看望他。看到他被病魔折磨得不成样子，她常常在没人的地方悄悄地落泪。景润舅舅回北京后，每次

我从北京出差回来，母亲总要我详细地告知景润舅舅的身体状况。为了让母亲放心，我采取了避重就轻的办法，只介绍景润舅舅的治疗的一些新进展。其实，从事医务工作的母亲心里是非常清楚的，"帕金森综合征"是顽症，目前的医疗水平很难治愈。她只能在心中默默地为景润舅舅祈福。

"积劳成疾、积重难返"，景润舅舅自第二次在福建中医学院治疗回北京后，身体状况每况愈下。几近僵硬的身躯，使他根本无法行走，眼皮打开的时间愈来愈短，口腔的唾液顺着合不拢的嘴角一直流淌下来。他不能直坐，只能斜靠在椅子上。

但他的思路保持清晰，辨别能力非常强。

每次只要一见到我，他就显得非常的兴奋，嘴里吐着含糊不清的话。

"哦！力、力。谢谢你！谢谢你！"他总是反反复复地说这些话。

令人奇怪的是，景润舅舅在发音如此困难的情况下，却对"谢谢你"三个字的发音特别清晰。可以想象，由于长期处在艰难的处境中，让他感受最深的是能够获得人们的帮助和理解。他总是怀着一颗感激的心，向每个人表达内心深处的情感。"谢谢你"这三个字，应该是他一生中表达最多次的语言。

1996 年 1 月 16 日，《光明日报》发表了景润舅舅的半身照片。照片下方注明：著名数学家陈景润近照。

景润舅舅患病住院治疗这些时间，新闻媒体关于他的消息逐渐减少，社会上许多人都想了解他的身体状况和病情。为此，《光明日报》社摄影记者张学新同志根据中科院的要求，在中关村医院病房内，为景润舅舅拍摄了一张照片，不久后刊登在《光明日报》上。

当人们看到报纸上景润舅舅神采奕奕的照片，对他良好的身体状况和精神状态，无不感到高兴。李尚杰书记当天就兴冲冲地将这张《光明日报》递给景润舅舅，景润舅舅认真仔细地看着照片，高兴地对李尚杰书记连声说："谢谢李书记！谢谢李书记！"

看了照片后，景润舅舅情绪非常好，提出想到走廊走走。

在李尚杰书记和护工老李的帮助下，景润舅舅在病房里艰难地走了两圈。这两圈是景润舅舅生命中的最后几步，也是他人生体能的最后极限。他是多么希望继续走下去，但是已经力不从心了……

"我，我，不……不行了！"景润舅舅已支撑不住自己的身体，艰难地发出孱弱的声音。

李尚杰书记和老李赶忙将他扶上床，并帮助他盖上棉被。一会儿，景润舅舅昏睡过去。李尚杰书记紧张地摸了摸他的额头和四肢，发现他的额头和手脚冰凉。

下午5点半，李尚杰书记离开病房时，反复嘱咐老李："由昆医生晚上来时，赶快将景润下午的情况告诉她。"

晚上7点，由昆舅妈给李尚杰书记挂电话："先生发烧了，38.6℃，晚饭没吃。"

"严密观察，如有异常，马上告诉我。"李尚杰书记对由昆舅妈交代。

整个晚上，景润舅舅的体温持续居高不下，痰多，不停地用吸痰器吸痰。

1996年1月18日上午，医院下达病危通知书。

医院除了用国内最好的退烧药、吊瓶注射外，医生、护士也不停地为景润舅舅擦拭酒精、换冰袋，进行物理降温。

景润舅舅病危的消息牵动了无数人的心，数学研究所领导即刻将他的病情，向中科院领导、中共中央组织部、统战部的有关部门紧急汇报。得知景润舅舅病情危急，中科院、中组部、中央统战部领导和有关部门的领导同志纷纷赶到医院探视，听取中关村医院的病情分析。

北医三院呼吸科教授闻讯，赶到中关村医院参加会诊。通过紧急采用各种医疗手段，景润舅舅的病情趋向稳定。

1996年1月26日晚，景润舅舅精神状态很好，口齿清晰，他向由昆舅妈问起欢欢的学习情况。

"孩子每天放学都来医院看你，欢欢现在学习可用功了。"由昆舅妈趴在景润舅舅耳边说。连续10天高烧不退的景润舅舅，脸上露出了欣慰的笑容。

正当大家松一口气的时候，景润舅舅的病情却突然再次逆转。

第二天凌晨5点多钟，景润舅舅身体出现抽搐。一直守候在身边的秘书感觉情况异常，连忙通知护士。护士量了体温，一切还算正常。不到半小时，

179

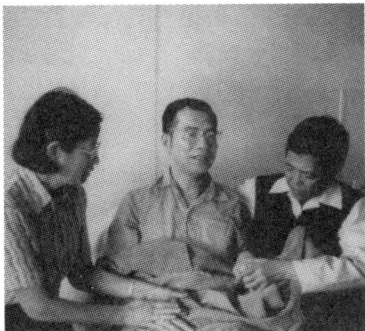

作者的父母和故乡亲人到医院看望陈景润

景润舅舅突然呼吸变得急促起来。

秘书心急如焚，通过电话向李尚杰书记报告，李尚杰书记在第一时间转告了由昆舅妈，并再次向中科院领导报告。由昆舅妈放下电话就向医院飞奔而去，当她冲进病房时，景润舅舅脸色发暗，呼吸和心跳出现间歇性骤停。

出于医生的本能，由昆舅妈赶紧抄起一块纱布塞进景润舅舅嘴里，将他的舌头攥紧。她知道，一旦舌头缩进喉部，将失去一切抢救机会。

"快来人啊！来人啊！"由昆舅妈一边紧紧地攥着景润舅舅的舌头，一边大声呼叫。

医院内科副主任李惠民应声赶到，与由昆舅妈一起为景润舅舅做压胸人工呼吸。经过8分钟的紧张抢救，景润舅舅已经骤停的心脏和呼吸功能恢复了。紧接着，中科院领导、中组部局长和数学所所长龙瑞麟、副所长李炳仁、王元院士先后赶到医院。曾经给景润舅舅治疗的北京医院许贤豪教授和呼吸科副主任王晓平教授，309 医院副院长、呼吸科专家赵济文教授，心内科专家陈英教授也都赶到抢救现场，并参加联合会诊。

上午 11 时左右会诊结果出来了。由于景润舅舅体内多种器官衰竭，再加严重的肺炎，引起食物吞咽困难，一些食物的渣滓吸入气管，使肺部产生感染，炎症使气管内产生大量的痰液。各种情况显示，景润舅舅病情十分危急。

由于抢救及时，措施得力，下午 4 时左右，景润舅舅呼吸、心跳恢复正常。

为了得到更好的治疗，专家们建议尽快将景润舅舅送往北京医院。下午 5 点 20 分，从中关村医院开出了几辆的救护车，风驰电掣般向北京医院驰去。

当车队驶近西直门立交桥时，景润舅舅突然被痰堵住气管。脸色变紫、呼吸再次骤停。救护车上没有配备吸痰器，情况万分火急，时间就是生命。这时，随车照护的北京市卫生局医政处长姚宏同志，不顾一切地趴在景润舅舅身上，嘴贴着嘴，一次又一次地拼命吸允。终于，这口致命的浓痰从景润舅舅的气管内被吸了出来，他再次从死亡边缘被拉了回来。

事后，当记者采访姚宏处长时，她非常坦然地对记者说："这算得了什么啊！这是医生救死扶伤的职责嘛！何况陈景润是我一生中最敬仰、最敬重的数学家。"说罢，脸上流露出抑制不住的自豪。

晚上 6 点多钟，车队驶进北京医院，栾副院长组成的专家医疗组和各科主任，已在病房楼前等候。

1 月 31 日，景润舅舅病情有了好转，体温逐步恢复正常，精神状态也好了许多。

景润舅舅的病情，再次牵动了社会上无数人的心。当一份有关抢救陈景润情况的报告送到中组部张全景部长手上时，他立即批示：要把关心知识分子的政策落到实处。

同一天，中共中央政治局常委胡锦涛专门就治疗、抢救陈景润的工作做了批示，要求有关部门抓紧落实专家的医疗待遇和定期体检工作。

再次从死亡线解救出来的景润舅舅，又像往常一样十分乐观。当护士为

早在 20 世纪 60 年代，医院的大夫就将景润列入了"死刑"，当时许多的结果是：病的纵横，景润舅舅竟奇迹地活过了 30 年。一年有二十，12 年来，这口浓痰被排出多年的一等德巴赫猜想。而命中被夺的数学家们，一边将无数学桂冠的一等德巴赫猜想，眼睁地逼近，直至生命的最后一刻……

他剪指甲时，他慢慢地伸出一个手指，剪完后又慢慢地伸出另一个手指。这有趣的动作，把在场的小护士逗乐了，他自己脸上也绽放出开心的笑容。

2月3日开始，景润舅舅又出现高烧，胃液一直呈现暗红色，医院轮番采用了各种方法，始终不能将他的体温控制在正常的范围。

死神已经步步向他逼近。大家都有这种的预感，生命留给我们的数学家只是最后一个春节了。可能是上天的眷顾，在春节前后的这几天，景润舅舅的精神显得特别的好。

"十五的月亮，照在家乡照在边关……军功章里有我的一半，也有你的一半。"除夕之夜，守候在丈夫身边的由昆舅妈，静静地趴在景润舅舅身边，听着他五音不全、断断续续地唱着平常他最喜爱的这首歌。此时此刻，景润舅舅要借用这曲《十五的月亮》，表达出对妻子深深的眷恋。

"先生，你唱得真好，我全听到了。再过几个月就是你63岁生日，我们一起回家去过生日。先生，你会好起来的，一定会好起来的。"由昆舅妈哽咽得说不下去，她相信，生命力顽强的丈夫，一定能够重新站立起来，去迎接又一个春天的到来。

"没有花香，没有树高，我是一个无人知道的小草……"

"我是一个兵，来自老百姓……"

这时，景润舅舅又用鼻音轻轻地哼着，哼着。他以顽强的意志和信念，唱出了对生命的向往和眷恋、对事业和人民的无限忠诚、对草绿色的一往情深。

春节过后不久，景润舅舅又开始高烧不退。

3月10日，景润舅舅病情恶化，已经完全不能说话，摇头、点头也力不从心。但他的思维，在生命的最后时刻依然清晰。他能准确地辨认出站在面前的亲人、好友，可以听懂身边同志们的讲话的含义。

"先生，我问你个事情。你同意就伸出一个手指头，不同意就伸两个手指头。"由昆舅妈对景润舅舅说。世界上最为简单的这两个数字，他艰难研究了一生，在景润舅舅生命的最后时刻，他仍以"1和2"来表达对一件事情的判断和决定。

3月18日，景润舅舅出现间接性昏迷，醒来的时候虽然嘴巴在动，但

陈景润 追忆舅舅

已经听不到他在说什么了。由昆舅妈还是用一个手指表示同意，不同意则用两个手指的办法来与他沟通。

"先生，你是不是让我一定要把欢欢培养成人，一定要他做一个对祖国有用的人？"

景润舅舅艰难地伸出一个手指！

这时候的由昆舅妈已经泣不成声，连连点头答应。"我一定会的，放心，先生，我一定会的。"

高山流水悼忠魂

人力不可回天。北京医院想尽了一切抢救办法，但景润舅舅终因呼吸循环衰竭，于 1996 年 3 月 19 日 13 时 10 分逝世。

在景润舅舅弥留之际，中央组织部副部长王旭东同志赶到北京医院探望。

景润舅舅逝世后不到一个半小时，中央统战部副部长刘延东代表王兆国部长到医院向由昆表示亲切慰问。

当天晚上，中共中央常委胡锦涛同志，委托秘书向由昆舅妈表示亲切慰问。与此同时，乔石、刘华清、朱镕基、宋健等中央领导同志，分别打来电话表示亲切慰问。

景润舅舅逝世的噩耗传出，全国各大报纸及各种新闻媒体广泛报导。

《人民日报》、《光明日报》、《工人日报》、《科技日报》都在显著位置刊登了这一消息。中央电视台在"东方时空"和"焦点访谈"两个收视率最高的节目中，一天两次报导景润舅舅逝世的有关情况。

景润舅舅的逝世，牵动着亿万人民的心。

唁电、唁函像雪片一样，从全国各地飞向北京，飞到由昆舅妈手中。

正在云南视察工作的中央书记处书记温家宝，致函中国科学院院长周光召，对景润舅舅一生给予了高度评价，并通过周光召院长向由昆舅妈表示沉痛的哀悼和慰问。

惊悉景润舅舅去世我异常悲痛，马上给由昆舅妈挂电话致哀。

"宋力，你舅舅走得很突然。虽然组织上非常重视，对整个吊唁工作做了细致的安排，但我还是受不了，整个人都乱了……"由昆舅妈在电话中哽咽说不出话。

在与由昆舅妈的通话中，我得知3月29日将在八宝山公墓举行景润舅舅遗体告别仪式。由昆舅妈对福建的风俗习惯不熟悉，她担心家乡亲属来北京参加景润舅舅遗体告别，如果处理不妥的话，会产生不必要的误解。另外，亲属参加遗体告别需用的车辆至今还没有落实，她忧虑重重，一筹莫展。

"景润舅舅是国家的人，对于他的后事处理上，就按组织的安排进行，千万不要去考虑家乡风俗习惯中的那些、陈规陋习。有关车辆的安排由我来考虑，这些请你放心。舅舅遗体告别前两天，我一定会赶到北京的。"在电话中，我反复地安慰由昆舅妈。

由昆舅妈在京没有直系亲属，孩子还小，许多事情没人可以商量。再说，景润舅舅的社会知名度太大了，在许多问题的处理上，确实比较敏感，万万不可大意。

考虑到距离景润舅舅遗体告别还有十天，太早赶到北京，一时也帮不上忙，于是我就待在福建，帮助做一些实实在在的联系事宜。

当福建省政府驻京办事处获悉景润舅舅遗体告别需要车辆时，当即表态同意派出所有车辆，福建烟草驻京办则承诺帮助调度车辆。

在景润舅舅去世后的第六天，我与同事王建勇赶到北京。

景润舅舅中关村家中16平方米的客厅，装饰成了俭朴、肃穆的灵堂。客厅中央墙上，悬挂着景润舅舅的遗像。这张大幅的彩色照片上，景润舅舅戴着黑框眼镜，身穿开领的鲜红羊毛衫，端坐在沙发上。遗像正中的下方摆放着由昆舅妈敬献的花篮，挽联上写着："亲夫景润永垂不朽，爱妻由昆携子由伟泣挽。"

来自各行各业、四面八方的吊唁者，在悲沉的哀乐声中，含着泪水走到景润舅舅遗像前，献上手中的鲜花，默默地鞠躬表示沉痛的哀悼。一束束凝

圆梦

追忆舅舅

陈景润

1	2
3	4
5	6

1. 作者（右一）护送由昆及其儿子陈由伟走向安放陈景润骨灰的骨灰堂；

2. 陈景润儿子陈由伟捧着父亲骨灰；

3. 送殡的灵车；

4. 陈景润骨灰安置前，陈景润家人与亲人在革命公墓骨灰堂前留影；

5. 作者兄弟三人哀悼陈景润去世敬献的花圈；

6. 位于北京市门头沟区万佛华侨公墓内的陈景润艺术墓碑。

聚深情的鲜花，使灵堂变成了花的海洋。

"陈景润在人们的心中太伟大了，出租车司机知道我们是来吊唁陈景润的，坚持不收车费。"一些外地赶来参加吊唁的同志感慨地说。

那几天，北京许多出租车司机，只要见到手捧鲜花，准备乘车往中关村去的乘客都会主动询问情况。一旦知道是去吊唁陈景润，有些司机还感慨地说："兄弟，帮我向陈景润教授鞠个躬。车费就免了吧！你这鲜花算我一份。"

为了及时更换灵堂内堆积如山的鲜花，中关村附近的环卫工人，主动地前来帮助。

"你舅舅生前最喜欢花，他看到这么多的鲜花该是多高兴啊！"由昆舅妈含泪对我说。蓦然间，我仿佛看到景润舅舅端坐在鲜花丛中向我微笑着。

客厅的侧面墙上，福建省政府送来的挽联上写着："水流任意景，松老晴亦润。"

"景润舅舅这张照片拍得太好了！"望着墙上舅舅的遗像，我对由昆舅妈说。

"这照片还是去年11月5日照的，你看当时舅舅显得有多么的精神。我特别喜欢这张照片，觉得他的生命力很强。真的，好多次你舅舅都挺了过来，没想到这次却走得这么快。"说罢，由昆舅妈又一次控制不住内心的悲恸，失声恸哭起来。

"景润舅舅太伟大了，你看这么多不知姓名的人给他献来鲜花和挽联，真让人感动啊。"望着川流不息的吊唁人群，我深有感触地说。

"舅舅生前最爱你，你每次到家里，他都非常高兴。你来了，我似乎有了主心骨。"由昆舅妈对我说。

"舅妈，你放心！所有的车辆我都安排好了。按照福建的习俗，八宝山殡仪馆工作人员和所有的司机，我都为他们准备了一份'益利'了。"我含着泪水默默地仰望着景润舅舅的遗像，对由昆舅妈说。

根据福建的习俗，在办丧事时，主人为了答谢前来帮忙的同志，专门要给他们送"益利"。顾名思义，就是代表"感谢你们、保佑平安"的意思。每份"益利"中，不外乎就是一条毛巾、一块香皂、一包香烟、两个红蛋或

者安排给百元以内的小红包。到北京前，我专门委托邹军帮我准备了许多"益利"，还准备了一些小红包。

"宋力，福建的习俗我不知道。多亏你提醒！"由昆舅妈感激地望着我说，刹那间，抑制不住的泪水，从我眼眶奔涌而出。

惊悉景润舅舅去世的消息，中国数学会原秘书长，88岁高龄的孙克定老先生悲痛万分，连夜写下了18首悼念景润舅舅的诗，并亲自送来自己写的挽联。1956年冲击全国数学论文宣读大会时，他曾与景润舅舅同住一室。他说，景润舅舅担心晚上影响他睡眠，一个人悄悄地房间门口走廊上读着论文，令他十分感动。

孙克定老先生送来的挽联情真意切：

知交四十载，睿智忠勤、是非分辨，果然真诚人、真爱国、为中华扬眉吐气；力克万千年，坚韧朴实、纪律严遵，信乎脱世态、脱凡俗、愿来人继志攀登。

这条挽联，正是景润舅舅一生的真实写照。

景润舅舅去世的噩耗传到家乡，八闽大地为之呜咽。福建省委、省政府立即送来了花篮和挽联。时任福建省委书记的贾庆林、省长陈明义发来了唁电；省人大常委会副主任袁启彤、省委副书记、福州市委书记的习近平、副省长、厦门大学校友会会长潘心城送来了花圈。

从福建发来的众多函电里，省旅游学会会长南江先生发来的唁电催人泪下。南江同志任职福建省旅游局长期间，多次邀请景润舅舅到福建旅游、休养，但景润舅舅一直没有如愿成行。南江同志为此感到非常遗憾。唁电是这么写的："景润，你为了祖国的荣誉，为了探究科学真理，献出得太多、太多了。你的确太累了，若是能经常到福建走走，看看家乡的山山水水，或许你今天还和我们……"

福州胪雷乡的领导，带着家乡父老的嘱托来了；福建师大附中的领导和校友赶来了；除了大舅陈景桐和母亲身患疾病不能到北京，其余几位舅舅和姨姨都赶到北京；还有许多，许多人赶来了……

三明第一中学

福州外国语学校

厦门大学

陈景润曾经就读的学校为纪念陈景润在校园内树起铜像

早在20世纪60年代，医院的大夫就给陈景润算到了一死刑，当时诊断的结果是严重的结核病，最多活不过5年。但是，陈景润竟然延续地活过来了，从容面对病魔达20多年的"带病已结核病"，而每个"带病身躯"的数学家，这话为解决世界人口问题，一边向数学王国的"哥德巴赫猜想"攀登地进军，直至生命的最后一刻……

陈景润夫人由昆（左四）及其子陈由伟（左二），在作者的母亲（左五）陪同下，参加福州外国语学校陈景润铜像揭幕仪式

1996年3月29日，景润舅舅遗体告别仪式在北京八宝山革命公墓隆重举行。

一早，我和由昆舅妈、欢欢先到北京医院。八宝山殡仪馆派出专门为中央去世领导使用的灵车前来迎送。殡仪馆的工作人员身穿雪白的工作服，站立在灵车的边上。黑白相间的灵车后车厢是敞开的，车厢三面是不锈钢的扶栏，扶栏均由鲜花装饰，整个车身擦洗得十分干净，显得庄严肃静。

时间还早，前来向景润舅舅送行的车辆和人不多。于是，我带着王建勇和邹军走到灵车旁。

"师傅，这位是陈景润的亲属。"邹军向司机介绍我。

"根据福建的习俗，表示一下我们亲属的心意。"我客气地将准备好的"益利"递给司机。

"不行不行，这些我们不能收。陈景润是谁啊！他可是我们伟大的数学家呀！是我们的精神偶像！为了给他送行，一大早我们这些同志都来了，开来了八宝山最好的灵车。你看，我们还专门装饰了一番，擦得锃亮锃亮的呢！"这位司机对于景润舅舅的敬佩，鲜明的写在脸上。

"师傅，太感谢你们了。待会儿路过天安门广场的时候，能不能开慢点，我们准备拍些镜头。"见司机和工作人员坚决不收"益利"，我也就不勉强。

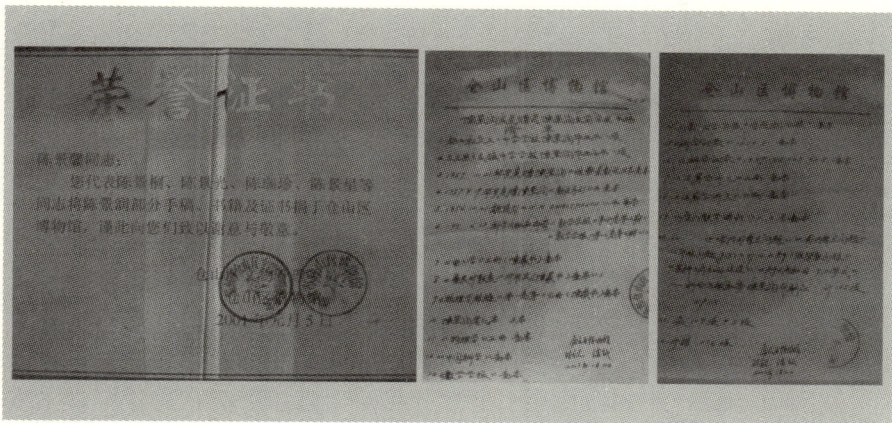

作者的小姨陈景馨代表陈景润家属向仓山区博物馆捐赠陈景润部分遗物的证明及清单（现已转至福州市博物馆收藏）

于是，我以试探的口气向他们提请求。我知道，所有车辆经过天安门广场是不能随意减速的。

"没问题！交警看到车上'陈景润治丧委员会'的牌子，我想也不会阻拦的，你们怎么说，我们怎么办！"司机爽快地对我说。

过了一会儿，穿着整齐制服的北京医院保安人员，套着雪白的手套，抬着摆放景润舅舅遗体的有机玻璃棺木，迈着正步从太平间走了出来。这些保安人员都是自发组织起来，以特有的形式表达对景润舅舅的哀思。景润舅舅安详地躺在灵车内，棺木的四周用鲜花和花环紧紧地围伴着。

灵车从北京医院缓缓驶出后，许多过往的行人驻足观望，当看到灵车上贴着的"陈景润治丧委员会"标识时，许多人脸上流露出悲恸和哀思。

当灵车将接近广场中央的交警岗亭时，我看到站在高高岗亭上执勤的交警同志，面对着渐渐驶来的车队，脸上的表情似乎非常严肃。这时，我的心"怦怦"地跳个不停。我悄悄地望着司机，只见他非常自信地继续放慢着车速。快到岗亭时，突然，眼前出现让我和由昆舅妈深受感动的一幕。只见岗亭上执勤的交警同志，向灵车敬了一个标准的军礼。身着戎装的由昆舅妈，连忙摇下车窗，哽咽地向交警同志敬礼道谢。

灵车驶出天安门广场后，向长安街西面的八宝山公墓行驶。一路上，所

$$P_X(1,2) \geq \frac{0.67xC_X}{(\log x)^2}$$

哥德巴赫猜想的最佳结果

中国邮政 CHINA 80分

1999-16 (4-3) T

陈景润先生诞辰七十周年纪念封

青年数学家陈景润

Google

社会各界人士用各种方式怀念陈景润

关于陈景润的各种版本的图书

1997 年，厦门大学出版社相继出版了纪念文集《走近陈景润》和传记《陈景润》，由昆携陈由伟在陈景润母校厦门大学进行《陈景润》新书签售

有南北方向的十字路口绿灯都自动开启着，让灵车和紧随的车队通过。当车队经过各个路口时候，执勤的交警同志都向灵车庄严地敬礼。

缓缓而行的灵车到达了八宝山公墓告别厅，这里已是人山人海。大厅门前的松柏树上，挂满了悼念景润舅舅的白花和挽联。参加悼念的人群中有白发苍苍的老人，身着戎装的军人，中、小学的学生和大学生……他们只有一个心愿，为景润舅舅送行并最后看上一眼。

眼前的场面，让由昆舅妈不能自已，泪水从她眼眶倾注而下。身着戎装的她走下灵车，没有顾上擦拭泪水就走到人群中，庄严地向大家敬了一个军礼。

在景润舅舅遗体告别仪式上，由昆舅妈换上崭新的军装，为自己心爱的丈夫送行。

"你舅舅生前最喜欢草绿色了，我要穿着他喜欢的军装为他送行。"由昆舅妈恸情地对我说。

时任中共中央政治局候补委员得温家宝、全国人大常委会副委员长卢嘉锡，与社会各界人士 1000 多人，参加了景润舅舅的遗体告别仪式。

告别仪式结束，我和由昆舅妈、欢欢将景润舅舅遗体推到焚烧炉前。"我

们专门将焚烧炉认真地清扫一遍，让陈景润院士干干净净地来，干干净净地走。"殡仪馆工作人员百感交集地说。

"宋力，你舅舅的骨灰到底要存放在哪？到现在还没有确定下来呢！"陪着由昆舅妈在贵宾厅等候景润舅舅骨灰时，她忧心忡忡地对我说。

八宝山公墓骨灰安放是讲究规格的，如果安放在一般的骨灰堂，这对景润舅舅是不公正的。但如果要按照高规格进行安放，必须经过中央统战部批准。中科院已经向中央报告，但还没有接到正式的批文。到了这个时候还没有接到通知，由昆舅妈的着急也是可以理解的。

正当我和由昆舅妈一起挑拣从焚烧炉送出来的景润舅舅骨灰时，李尚杰书记激动地冲了进来。

"由昆，刚刚收到中央统战部批示。"

"啊！怎么说？"由昆舅妈揪心地问。

"考虑到陈景润身份特殊，为数学事业发展作出的卓越贡献，在国际数学界有较大的影响，经研究，同意将他的骨灰破例安放在八宝山革命公墓红军馆骨灰堂。"李尚杰书记含着泪花，将批示全文读给由昆舅妈听。

刹那间，由昆舅妈感动地恸哭起来。"先生！你和革命先烈在一块了！你和草绿色在一块了！你有了值得人们骄傲、敬佩的归属了啊！"

这个骨灰堂的外部，是由茂密的松柏紧紧环绕的小四合院。庄严、肃穆的四合院，粉刷一新，干干净净。四合院正中的房子内摆放着一排排整齐的方格架子，每个方格陈列着形状各异的骨灰盒。骨灰盒的中央——贴着身着戎装的烈士遗像，这些都是经历土地革命、红军长征时期的将军。

在工作人员的指引下，景润舅舅的骨灰盒摆放在房间中央的架子上。骨灰盒的安放序号是"257"，恰好是个素数。

景润舅舅是属于数学的，他为数学而生，为数学而死。因为有了他，数学世界阻隔人类 200 多年的一座巅峰被撼动了……但由于精疲力竭、积劳成疾，他过早地离开了他所挚爱的数学。

许许多多的人通过 20 年前徐迟的报告文学《哥德巴赫猜想》走近了陈

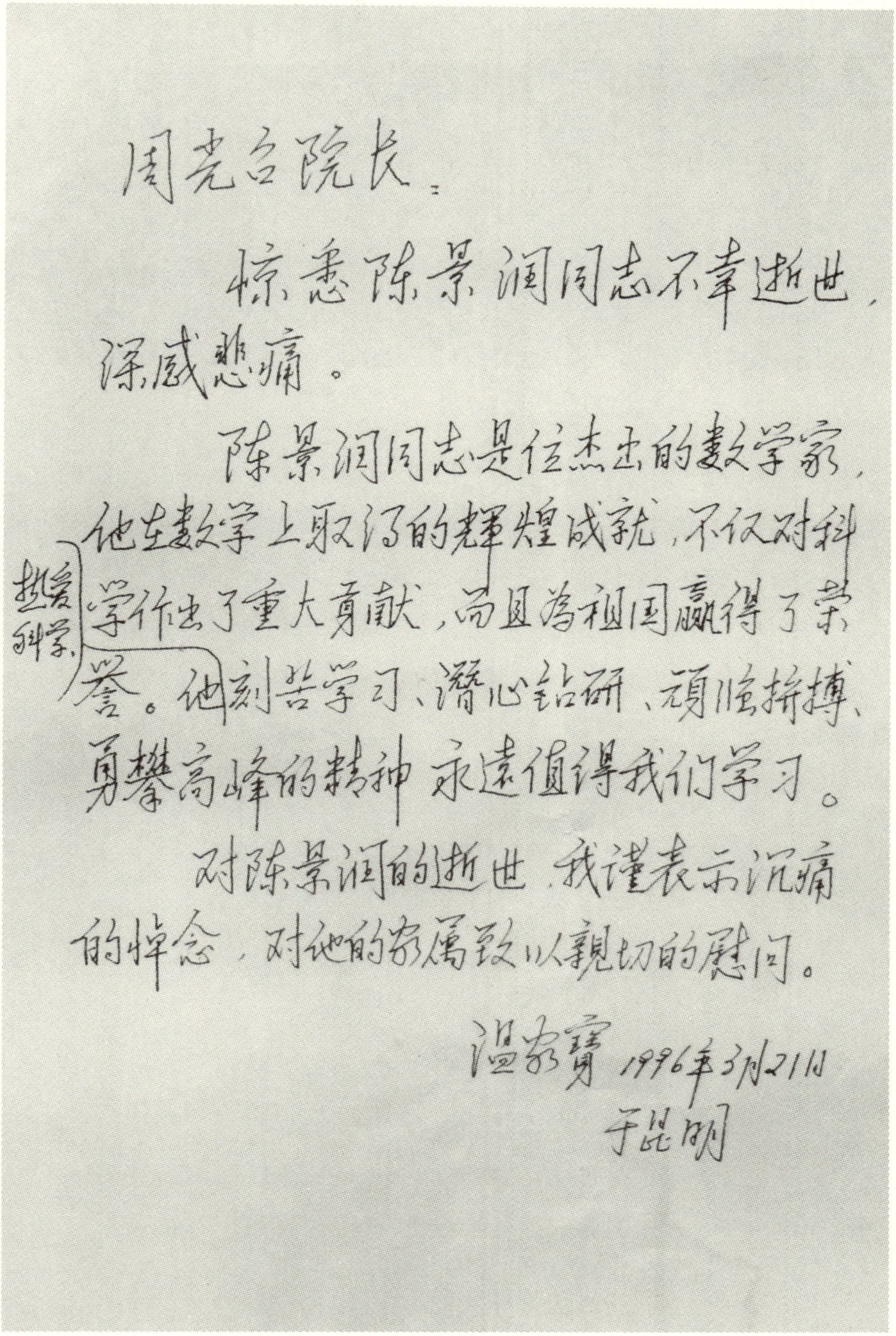

周光召院长：

惊悉陈景润同志不幸逝世，深感悲痛。

陈景润同志是位杰出的数学家，他在数学上取得的辉煌成就，不仅对科学作出了重大贡献，而且为祖国赢得了荣誉。他（热爱科学、）刻苦学习、潜心钻研、顽强拼搏、勇攀高峰的精神永远值得我们学习。

对陈景润的逝世，我谨表示沉痛的悼念，对他的家属致以亲切的慰问。

温家宝 1996年3月21日
于昆明

温家宝同志悼念陈景润的亲笔信

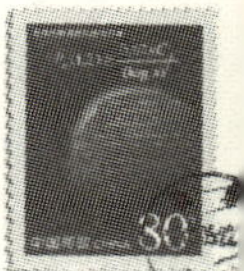

早在20世纪80年代，医院的大夫就给景润舅舅判了"死刑"。当时诊断的结果是严重的结核病，最多活不过3年。但是，景润舅舅奇迹般地活过来了。从景润舅舅被确诊为"帕金森氏综合症"到他去世，一共有12年。12年里，这位为解决困扰世人200多年的"哥德巴赫猜想"而奋斗终身的数学家，一边顽强地与医学界的"哥德巴赫猜想"搏斗，一边向数学王国的"哥德巴赫猜想"艰难地进军，直至生命的最后一刻……

由昆在厦门大学陈景润雕像前

景润，知道这位不同寻常的"怪人"，把200多年来未曾解决的《哥德巴赫猜想》证明大大推进了一步；他搞数学研究用过的草稿纸要用麻袋来装；他专注于事业，好像不食人间烟火……他的品行风范影响了整整一个时代。当人们获知他去世的消息后，都感到震惊和惋惜，笼罩在巨大的悲痛之中。

新华通讯社最先报道景润舅舅去世的消息，在报道中，对景润舅舅一生是这样评价的：

陈景润在解析数学的研究领域上取得多项重大成果，至今仍在"哥德巴赫猜想"的研究中保持世界领先。他在有限的人生中勤奋工作。他的逝世，是我国数学界的重大损失。

紧接着，3月21日《人民日报》刊登文章：《陈景润：精神魅力永存》；

《北京青年报》刊登文章：《数学巨星陨落》；

《新华每日电讯》：《水流任意景松者晴亦润》；

《工人日报》：《陈景润教授，走好……》；

香港《大公报》：《数学巨星之陨落——追记陈景润最后的日子》。

徐迟在《哥德巴赫猜想》中，有这么一段话："陈景润曾经是一个传奇式的人物……理解他这个人不容易；理解这位数学家更难。他特殊敏感、过于早熟、极为神经质，思想高度集中……"如今，在他离开我们的时候，人们更多地理解了他的价值。

一代巨星，终于抵抗不了病魔的侵蚀，陨落在千万人的哀伤中……

景润舅舅离开了我们，离开了他心爱的数学，斯人已去，精神永存。景润舅舅生前留下了的遗嘱：离世之后要为科学事业做最后一次奉献，将自己的遗体提供给医院进行科学解剖。这是多么高尚的思想境界！仅此一点，足以让人们对他有本质的了解和由衷的钦佩。

1998 年 3 月，《陈景润文集》出版。1999 年 10 月 26 日，"陈景润星"命名仪式在北京人民大会堂举行。这颗星是北京天文台施密特 CCD 小行星项目组发现的第 6 个获永久编号的小行星，于 1996 年 12 月 24 日发现于兴隆。1999 年 10 月经国际小天体命名委员会批准。这颗国际永久编号"7681"的小行星。是获得命名权的小行星中第一颗编号为素数的行星，素数是景润舅舅生前重要研究对象，为了纪念这位伟大的数学家，天文学家们决定把这颗小行星命名为"陈景润星"。同年，中国还发行纪念陈景润的邮票。

从民间到官方，人们用不同的方式纪念着景润舅舅。他不朽的精神，至今鼓舞、激励着千千万万的年轻人扬起生命的风帆，在民族复兴的伟大征途上，去逐梦，去铸梦，去破浪前行！

第五辑 生命的暖春与寒冬

早在20世纪60年代，医院的大夫就给景润舅舅判了"死刑"。当时诊断的结果是严重的结核病，最多活不过几年，但是，景润舅舅遵数地活过来了，从容与病魔较量，许为"帕金森氏综合症"对他去世一前的三年，了们为解决困扰七800多年的"哥德巴赫猜想"而奋斗，时身的数学家一边攻滴医学家，一边为解决困扰世纪的"哥德巴赫猜想"，一边向数学王国的领地，直至生命的最后一刻……

附录一：

陈景润年谱

1933 年 5 月	出生于福建省闽侯县胪雷村。
1940~1944 年	在福州三一小学读书。
1944 年	在三民镇中心小学（现三明市实验小学）读书。
1945 年 2 月	小学毕业，升入三元县立初级中学。
1948 年 2 月	考入英华中学（今福建师范大学附中）。
1950 年 9 月	以同等学历考入厦门大学数理系。
1953 年 9 月	毕业分配至北京四中任教。
1954 年 10 月	在家养病。
1955 年 2 月	由当时厦门大学的校长王亚南先生举荐，回母校厦门大学数学系任助教。
1956 年	《他利问题》发表，改进了华罗庚先生在《堆垒素数论》中的结果。
1957 年 9 月	由于华罗庚教授的重视，被调到中国科学院数学研究所任研究实习员。
1960~1962 年	转入中科院大连化学物理所工作。
1962 年	升任助理研究员。
1966 年	证明了每个充分大的偶数都可表示为一个素数和一个 素因子个数不超过 2 的整数之和。
1966 年 5 月	《科学通报》第 17 卷第 9 期，宣布陈景润《哥德巴赫猜想》（1+2）的结果。

1973 年	论文《大偶数表为一个素数及一个不超过二个素数的乘积之和》在《中国科学》发表，在国际数学界引起轰动，其结果被命名为"陈氏定理"。
1975 年 1 月	当选为第四届全国人大代表，后任五、六届全国人大代表。
1977 年	破格晋升为研究员。
1978 年	受国际数学家大会作 45 分钟报告的邀请。
1979 年 1~6 月	赴美国普林斯顿高级研究院工作。
1979 年 9 月	在巴黎法国高等科学研究所和英诺丁汉大学访问学习。
1980 年 8 月 25 日	和由昆结婚。
1980 年 11 月	当选学部委员（中科院院士）。
1981 年 4 月	参加厦门大学 60 周年校庆。
1981 年 12 月	其子陈由伟出生。
1982 年	获得国家科委自然科学一等奖，并再次受国际数学家大会作 45 分钟报告邀请。
1984 年	确诊患帕金森综合征。
1988 年	评定为一级研究员。
1991 年 7 月	受吉林延边敖东集团之邀前往长白山。
1991 年 9 月	参加英华中学 110 周年校庆。
1992 年 9 月	荣获首届华罗庚数学奖，先后受聘贵州民族学院、河南大学、厦门大学、青岛大学、华中工学院、福建师范大学等校的兼职教授，并担任《数学季刊》主编。
1995 年 1 月	获 1994 年度何梁何利基金奖（数学奖）。
1996 年 3 月 19 日	因病逝世。

附录二：

陈景润论著目录

【1】 华林问题中 G（k）的估值，数学学报，8（1958），253-257。

【2】 Waring's problem for g(5)，*Sci.Rec.*3(1959)，327-330。

【3】 华林问题中 g（φ）的估值，数学学报，9（1959），264-270。

【4】 关于 Jesmanowicz 的猜测，四川大学学报，1962，18-25。

【5】 给定区域内的整点问题,数学学报,12(1962)，408-420; *Sci.Sin.*12(1963)，151-161。

【6】 Corrigendum to Yin Wen-lin's paper "The lattice-points in a circle"，*Sci.Sin.*11(1962)，1725。

【7】 圆内整点问题，数学学报，13（1963），299-313；*Sci.Sin.*12(1963)，633-649。

【8】 Improvement of asymptotic formulas for the number of Lattice-points in a region of three dimensions(II)，*Sci.Sin.*12(1963)，751-764。

【9】 关于三维除数问题，数学学报，14（1964），549-559；*Sci.Sin.*14(1965)，20-29。

【10】 华林问题 g（5）=37，数学学报，14（1964），715-734；*Sci.Sin.*13(1964)，1547-1568。

【11】 某种三角和的估值，数学学报，14（1964），765-768。

【12】 An improvement of asymptotic formulas for $\sum_{n \leq x} d_3$ (n) where $d_3(n)$ denotes the number of solutions of n=*pqr*，*Sci. Sin.*13(1964)，1185-1188。

【13】 关于 ζ $(\frac{1}{2}+it)$，数学学报，15（1965），159-173；*Sci. Sin.*14(1965)，522-538。

【14】 关于谢盛刚的"表大偶数为素数与至多三个素数的乘积之和"一文的一些意见。数学进展，8（1965），335-336。

【15】 On large odd number as sum of three almost equal primes, *Sci.Sin.*14(1965), 1113-1117。

【16】 On the least prime in an arithmetical progression, *Sci.Sin.*14（1965），1868-1871。

【17】 表大偶数为一个素数及一个不超过二个素数的乘积之和，科学通报，17（1966），385-386。

【18】 大偶数表为一个素数及一个不超过二个素数的乘积之和，中国科学，16（1973），111-128；*Sci.Sin.*16（1973），157-176。

【19】 华林问题 g（4）的估值，数学学报，17（1974），131-142。

【20】 关于区间中的殆素数的分布问题，中国科学，19（1976），7-20；*Sci.Sin.*18（1975），611-627。

【21】 关于算术级数中的最小素数和 L 函数零点的二个定理，中国科学，20（1977），383-414；*Sci.Sin.*20（1977），529-562。

【22】 On Professor Hua's estimate of exponential sums, *Sci.Sin.*20（1977），711-719。

【23】 1+2 系数估计的进一步改进——大偶数表为一个素数及一个不超过二个素数的乘积之和（Ⅱ），中国科学，21（1978），477-494；*Sci. Sin.*21（1978），421-430。

【24】 On the Goldbach's promblem and the sieve methods, Sci.Sin.21（1978），701-739。

【25】 On the least prime in an arithmetical progression and two theorems concerning the zeros of Dirichlet's L-functions（Ⅱ），*Sci.Sin.*22（1979），859-889。

【26】 关于区间中的殆素数的分布问题（Ⅱ），中国科学，22（1979），12-32；*Sci.Sin.*22（1979），253-275。

【27】 （与潘承洞合作）Goldbach 数的例外集合，中国科学，23（1980），219-232；山东大学学报，1979,1-27；*Sci.Sin.*23（1980），416-430。

【28】 On sone problems in prime number theory, *Seminaire de Theorie des Nombres*, *Paris*1979-1980, 167-170。

【29】 Goldbach 数的例外集合（Ⅱ），中国科学，26（1983），714-731。

【30】 （与黎鉴愚合作）关于自然数前n项幂的和,厦门大学学报,23（1984）,No.2, 134-147。

【31】 某种三角和的估计及其应用, 中国科学, 27（1984）, 1096-1103; *Sci.Sin.*28（1985）, 449-458。

【32】 （与黎鉴愚合作）关于等幂和问题, 科学通报, 30（1985）, 316-317。

【33】 （与黎鉴愚合作）关于幂和问题的进一步研究, 科学通报, 30（1985）, 1281-1285; 31（1986）, 361-362。

【34】 关于 L 函数的零点分布, 中国科学, 29（1986）, 673-689; *Sci.Sin.*29（1986）, 361-362。

【35】 关于 L 函数的三个定理（Ⅰ）,（Ⅱ）, 曲阜师范大学学报, 1986, No.2,1-8; No.3,1-14。

【36】 （与黎鉴愚合作）On the sum of powers of natural numbers, 数学季刊, 2（1987）, 1-18。

【37】 （与刘健民合作）算术级数中的最小素数和与L函数零点有关的定理（Ⅲ）, 科学通报, 33（1988）, 794; 33（1988）, 1932-1833。

【38】 （与王天泽合作）奇数情形Goldbach问题研究,科学通报,34（1989）, 1521-1522。

【39】 （与刘健民合作）算术级数中的最小素数和与 L 函数零点有关的定理（Ⅲ）,（Ⅳ）, 中国科学, 32（1989）, 337-351; *Sci.Sin.*32（1989）, 654-673; *Sci.Sin.*32（1989）, 792-807。

【40】 （与王天泽合作）关于哥德巴赫问题, 数学学报, 32（1989）, 702-718。

【41】 （与王天泽合作）关于 L 函数例外零点的一个定理, 数学学报, 32（1989）, 841-858。

【42】 （与刘健民合作）关于 L 函数在直线 σ=1 附近的零点分布, 中国科学技术大学研究生院学报, 1989, 1-21。

【43】 （与刘健民合作）Goldbach 数的例外集合（Ⅲ）,（Ⅳ）, 数学季刊, 4（1989）, 1-15; 5（1990）, 1-10。

【44】 （与王天泽合作）关于 Dirichlet L-函数的零点分布, 四川大学学报, 1990,145-155。

【45】 （与王天泽合作）关于算术级数中素数分布的一个定理, 中国科学, 32（1989）, 1121-1132; *Sci.Sin.*33（1990）,397-408。

【46】　（与王天泽合作）Estimation of the second main term in odd Goldbach problem，*Acta Math.Sci.*11（1991），241-250。

【47】　（与刘健民合作）On the least prime in an arithmetical progression and theorems concerning the zeros of Dirichlet's L-funcions(V)，International symposium in memory cf Hua Loo Keng，*Science Press*，1991，*Springer-Verlag*，Vol.1，19-42。

【48】　（与王天泽合作）关于 Goldbach 问题的一点注记，数学学报，34（1991），143-144。

【49】　（与王天泽合作）广义 Riemann 猜想下的奇数 Goldbach 问题，中国科学，36（1993），343-351；*Sci.Sin.*36（1993），628-691。

【50】　（与王天泽合作）素变数线性三角和的估计，数学学报，37（1994），25-31。

【51】　（与王天泽合作）关于奇数 Goldbach 问题（Ⅱ），数学学报，39（1996），169-174。

【52】　初等数论Ⅰ，Ⅱ，Ⅲ，科学出版社，1978，1982，1989。

【53】　组合数学，河南教育出版社，1984。

【54】　（与邵品琮合作）哥德巴赫猜想，辽宁教育出版社，1987。

【55】　组合数学简介，天津教育出版社，1989。

附录三：

译自 1742 年 6 月 7 日
哥德巴赫给欧拉的一封信（摘译）

"……因此，我现在试作一下猜想，这就是，如果一个数是两个素数之和的话，则它可以是任意多个素数（包括 1）之和，素数个数随你而定，直至最终表成一串 1 之和。例如：

$$4=\begin{cases} 1+3 \\ 1+1+2 \\ 1+1+1+1 \end{cases} \qquad 5=\begin{cases} 2+3 \\ 1+1+3 \\ 1+1+1+2 \\ 1+1+1+1+1 \end{cases}$$

$$6=\begin{cases} 1+5 \\ 1+2+3 \\ 1+1+1+3 \\ 1+1+1+1+2 \\ 1+1+1+1+1+1 \end{cases} \qquad 等等$$

再看一遍以上的例子，我发现整个猜想对于 n 成立的话，且 n+1 是两个素数之和，则对 n+1 可以严格地证明该猜想证明是很容易的，看起来至少好像每个大于一的数是三个素数之和……"

哥德巴赫

附录四：

译自 1742 年 6 月 30 日
欧拉给哥德巴赫的一封信（摘译）

"……正如在你给我的来信中所观察到的那样，每个偶数看来是两个素数之和，还蕴含着每个数如果是两个素数之和，则它可以是任意多个素数之和，素数个数由你而定。如果给定一个偶数 n，则它是两个素数之和，对于 n − 2 也是如此，因此，n 是三个以至四个素数之和。如果 n 是奇数，则它一定是三个素数之和，因为 n − 1 是两个素数之和。所以，n 是一个任意多个素数之和。虽然我还不能证明，但我肯定每个偶数是两个素数之和……"

欧拉

悼念陈景润同志组诗十八首

孙克定[1]

1、小引

四十年知交　　勤朴自本性

抱病育新秀　　不负声名盛[2]

2、初交

学风至谨严　　奋进更无上

长忆昔时会　　中夜书声朗[3]

3、师友

喜得贤师友　　启发三隅反

精进益精进　　勇攀制高点[4]

---

[1] 编者注：孙克定（1909～2007年），江苏无锡人。交通大学肄业。曾任新四军第三师军工部研究室主任，第三野战军特种纵队炮兵学校教授、山东大学数理系主任。1949年后历任中科院紫金山天文台研究员、副台长，数学研究所、系统科学研究所研究员。

[2] 1956年陈在厦大，余在紫金山天文台即相识。

[3] 1956年数学会议住同室，陈在旅馆走廊内朗读论文，众以为异。

[4] 华罗庚、王元等。

4、敬业

敬业精神强　　内守抗外扰

谦恭常称谢　　知足少烦恼

5、刚柔

和顺不自卑　　外柔而内刚

治学用全力　　未暇顾包装

6、律己

最富纪律性　　事必问组织

自律兼他律　　竞竞常无失

7、拒邪

正直科学者　　原则守内心

大事不糊涂　　邪恶不能侵 [5]

8、节俭

不做"寄生虫"自奉最俭省

惜哉损健康　　久坐板凳冷

---

[5]　"四人帮"要求陈揭发华罗庚批邓，均予拒绝。

9、毅力

错误路线下　　屡批为白专

毅志顶重压　　奇葩耐苦寒

10、本色

脱俗脱世态　　人咸称奇特

天真赤子心　　毕生保本色

11、文革

文革同牛棚　　出笼倍亲切

劝我自保重　　屈辱不足介

12、内助

平易近人处　　煦煦常春温

成家唱随乐　　内助助身心 [6]

13、超洋

真诚爱国心　　植根于本土

超洋岂崇洋　　衷怀自有主

---

[6] 结婚余贺诗,有句云:"喜得女华佗,身心堪调护"。爱人由昆业医。

14、参政

实至自名归　　人大任代表

殷勤征提案　　尽职事商讨

15、斗魔

搏斗病魔久　　视死乃如归

永远乐观者　　意志长不亏

16、史垂

数学为增色　　名播亿万口

史册永垂留　　惜仅得中寿 [7]

17、兴国

心灵实崇高　　体现真善美

科教长兴国　　继志众力伟 [8]

18、遗志

典范不易学　　贵在学精神

数学大国建　　景润遗志伸 [9]

---

[7] 享年 63 岁。

[8] 数学有内在美。

[9] 1996.3.28 于系统所（余时年八十七）。

后记

仰望

每当我们仰望天际，总会有一颗我们肉眼无法看到的小行星，沿着自身的轨迹在浩瀚的星空不停地运动。这是被国际小天体命名委员会批准命名，编号为 7681 的"陈景润星"。

虽然，景润舅舅的身影我再也看不到了，但这颗耀眼的星星却是那么真实地存在着。他在我的心中，在许多有梦想的中国人心中，闪烁着恒久的光芒。

1978 年，著名作家、诗人徐迟老先生的报告文学《哥德巴赫猜想》所造成的轰动效应，让景润舅舅一夜之间名扬天下，家喻户晓。陈景润这个名字一时成为了科学的代名词，并影响了新中国整整一代人。他的故事，他的精神，成了激励着那一个时代人们勇攀科学高峰，追求强国梦想的一面旗帜。

每个时代都有每个时代的楷模，这些楷模顺应了其所属时代的发展要求，昭示了特定历史时期的主流价值和引领方向，为当时人们的价值判断和行为模式起到了重大的导向作用。

那么，有没有这样一种楷模，他的精神引领价值能够成为一种经得起时间的检验、超越特定的时代、超越特定的意识形态和功利目的，而成为一种恒久的、普适的，能够在一个国家、民族长期的发展进程中，在实现中华民族伟大复兴的"中国梦"的漫长征途中起到一种支撑、引领作用的精神力量呢？答案是肯定的！"陈景润精神"就是其中之一。

景润舅舅去世后，他的同事、朋友和有关学者专家先后整理出版了关于他的个人传记和文集。比如王元和潘承洞合编的《陈景润文集》、罗声雄的

$$P_x(1,2) \geq \frac{0.67xC_x}{(\log x)^2}$$

《一个真实的陈景润》、王丽丽和李小凝合著的《陈景润传》、沈世豪的《100位新中国成立以来感动中国人物: 陈景润》等。这些作品从不同的角度和侧面，展现了景润舅舅别样的人生奋斗轨迹。更可贵的是，这些作品为传承和光大陈景润精神起到了不可低估的积极作用。

在我一生中，有幸在较长的时间里与景润舅舅有着亲密接触的过程。特别是 20 世纪 70 年代中期到他去世这二十多年，亲眼见证了他这一段不平凡的人生。他那艰苦、勤奋、执着、进取的精神深深地影响了我。无论我在人生的征途中收获到成功的喜悦或是遭受到挫折磨难，他始终是我的一面镜子，我的精神支柱。我永远也不会忘记他曾经告诫我的话："人生的目的就是奉献，不是索取"；"时间是个常数，花掉一天等于浪费 24 小时"；"攀登科学高峰，就像登山运动员攀登珠穆朗玛峰一样，要克服无数艰难险阻，懦夫和懒汉是不可能享受到胜利的喜悦和幸福的"。在我的记忆深处，那些与他相处的片断，像蒙太奇时时在脑海组合重现。在景润舅舅诞辰八十周年临近的时刻，我鼓起勇气，把我对景润舅舅的特殊情感融入到沉甸甸的文字之中，作为对他的最好纪念。

在整理写作过程中，由昆舅妈给予了我很大的支持、帮助。她对我说："宋力，你就大胆的写吧！你舅舅是个血肉丰满的人，这一点只有爱他的人才能真正感受到。在所有的外甥中，你和舅舅相处的时间最多，他也是最爱你的，你对他也是最了解的啊……"

曾经长期在景润舅舅身边工作的李小凝同志，热心地为我提供了许多宝贵的修改意见以及珍贵的史料和照片。

在搜集景润舅舅生前珍稀照片和史料的过程中，得到了我小姨陈景馨和福州市博物馆领导以及工作人员的支持。

原福建省政协文史委副主任程润江、厦门市烟草专卖局调研员庄永庆、厦门凌零图书策划有限公司陈忠坤、周纪延等同志，在我写作、修改、整理、出版的过程中，给予我很大的帮助。

同时，这本书的出版，也得到了李云孝、沈炎坤、易景东、洪少波、邱建波、张爽、骆义宁、张方、郑进兴、杨祖基、林国梁、王建勇、徐小波、林师训、黄永辉、周雁、季俊、林锦忠、林琦、陈小红、郭立、宋凌、苏国辉、黄宗淦、张海昌、方祝平、黄剑、林向东、施旭旸、黄德涛、黄争、黄伟生、滕向阳、朱学荣、陈钧、陈榕生、林芊、吴立丹、张志新、陈光泽、林景忠、陈盖、黄峰等朋友的鼎力支持和帮助。

当我捧着散发着油墨清香的书本清样时，我能深切地感受到从字里行间渗透出来的友谊的温馨。谨此，特别要向这些同志和朋友表示由衷的感谢。

我还想把此书献给与景润舅舅同年去世的徐迟老先生，是他与景润舅舅短短几天相遇所碰撞出的心灵火花，迎来了新中国科学发展的春天。让我们在徐迟老先生的一首诗里，再次品读景润舅舅与他痴迷一生的数学王国：

哥德巴赫猜想的最佳结果

$$P_x(1,2) \geq \frac{0.67xC_x}{(\log x)^2}$$

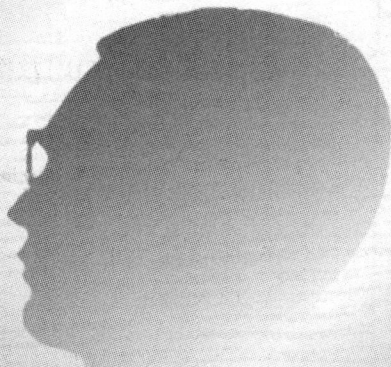

我所攀登的山峰

在雨雪云雾笼罩下

它吸引你走进它

像磁场引导指南针

除非你是勘探人员

你不会知道这山脉的价值

……

2013. 3. 20

图书在版编目(CIP)数据

铸梦:追忆舅舅陈景润/宋力著. 一厦门:厦门大学出版社,2013.5
ISBN 978-7-5615-4623-9

Ⅰ.①铸…　Ⅱ.①宋…　Ⅲ.①陈景润(1933—1996)-生平事迹
Ⅳ.①K826.11

中国版本图书馆 CIP 数据核字(2013)第 094113 号

厦门大学出版社出版发行

(地址:厦门市软件园二期望海路 39 号　邮编:361008)

http://www.xmupress.com

xmup @ xmupress.com

福州千帆印刷有限公司印刷

2013 年 5 月第 1 版　2013 年 5 月第 1 次印刷

开本:787×1092　1/16　印张:14.5　字数:209 千字

定价:40.00 元

本书如有印装质量问题请直接寄承印厂调换